Kurt Derungs
Die Seele der Alpen

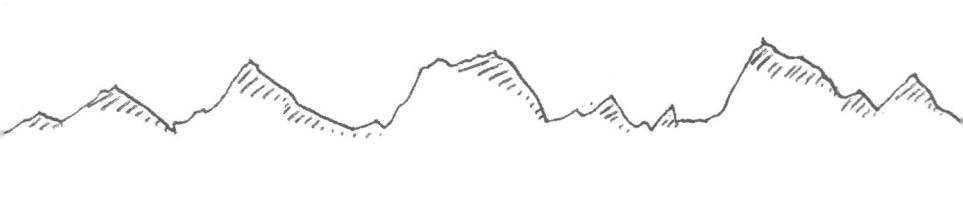

KURT DERUNGS

DIE SEELE DER

Alpen

Magische Rituale
mit der Kraft von
Sonne, Stein und Wasser

INHALT

Einleitung. 7

DIE KRAFT
DER ALTEN BRÄUCHE 14

Salige und Schicksalsfrauen 19
Kelten, Räter und Noriker. 25
Von Sennerinnen und Hirten 43
Rituale und Naturgaben 55

RITUALE UND ORTE
IM JAHRESKREIS. 66

Allerseelen und Anderswelt 75
Martinstag und Bauernwinter 83
Krampus und Nikolausfrau 93
Bärbele und Klausentreiben im Allgäu 105
Lichterschwemmen und Lutzelfrau 113
Weihnachtsblock und Rauhnacht. 125
Rauhnächte und Zwölften 133
Die mythische Frau Percht. 141
Die tanzenden Tresterer. 153
Neujahrsbräuche. 159

Perchtnacht und Dreikönig	169
Lichtmess und Brotwerfen	177
Scheibenschlagen und Feuerkult	185
Tschäggättä und Schurten	195
Osterfeuer und Eierlesen	201
Walpurgisnacht und Pfingstkönig	209
Sonnenwende und Johannisbrauch	223
Der Korngeist als letzte Garbe	235
Schlusswort	245
Literaturauswahl	249
Bildnachweis	254
Der Autor	255

Einleitung

Dieses Buch möchte Sie auf eine kulturelle Entdeckungsreise durch die Alpenregion mitnehmen und bietet Ihnen zugleich die Möglichkeit, eine persönliche Erkundungstour in die Welt der Bräuche zu machen, die Sie vielleicht schon als Kind erlebt haben und heute wieder pflegen.

So ist zu erfahren, was hinter dem Nikolaus oder dem Krampus steckt, oder warum die Heiligen Drei Könige eingeführt wurden. Der Feuerkult an Ostern lässt sich kaum allein durch die christliche Tradition erklären. Ebenso verbirgt sich hinter Lichtmess und Allerseelen eine ältere Glaubenswelt, die von den Kelten geprägt wurde. An Weihnachten erschien einst nicht das Christkind oder der Weihnachtsmann, sondern eine geheimnisvolle Mittwinterfrau mit ihren Gaben: Die Frau Percht, die auch den Rauhnächten und Zwölften vorsteht sowie als Orakelwesen der dunklen Zeit angerufen wird. Vielleicht erinnern sich manche unter Ihnen auch an das Entfachen des Johannisfeuers oder an die letzte Strohgarbe auf dem Feld, die im Erntebrauch als mystische Gestalt galt. Kaum einer wird sich dem Zauber dieser urtümlichen Bräuche entziehen können. Dieses kulturelle Erbe wird uns umso wertvoller, je mehr wir seinen tieferen Sinngehalt verstehen.

In meiner langjährigen Beschäftigung mit den urtümlichen Bräuchen im Alpenraum ist mir immer wieder aufgefallen, dass Menschen, die ein Jahresritual pflegen, häufig sehr wenig über dessen Ursprung und seine Bedeutung wissen. Fragt man sie danach, lautet die Antwort oft: »Warum wir das machen? Weil es immer schon so war – aber früher, da haben unsere Vorfahren es noch etwas anders gefeiert.« Das Wissen um die Inhalte und die Herkunft der Traditionen ist also eher bruchstückhaft, obwohl heute das Interesse an der Ausübung der jahreszeitlichen Rituale sowie der regionalen Bräuche wieder stärker ausgeprägt ist.

Die Rituale wurden also von den Einheimischen nicht selbst erfunden, sondern sie tragen diese Traditionen weiter.

Die Anfänge der Bräuche verlieren sich oft im Dunkel der Geschichte, auch wenn es in historischen Quellen manchmal eine erste schriftliche Erwähnung gibt. Doch auch naturmagische Riten sind im Laufe der Zeit Veränderungen unterworfen. Um etwas über ihre tiefere Bedeutung zu erfahren, müssen wir also die richtigen Fragen stellen.

Das beginnt schon mit der Erkenntnis, dass die Jahresbräuche aus einem Sammelsurium von kulturellen Einflüssen bestehen und der eigentliche Kern nur anhand unterschiedlicher Zugänge herausgearbeitet werden kann. So vereinen Alpenbräuche oftmals moderne, mittelalterliche, christliche, germanische, römische, keltische oder alteuropäische Schichten miteinander, die es zu ihrem besseren Verständnis zu unterscheiden gilt.

Manchmal werde ich gefragt, woher wir überhaupt etwas über die frühen Bräuche unserer Vorfahren wissen können. Tatsächlich gibt es zahlreiche Wissensgebiete, aus denen die Brauchtumsforschung zusätzliche Erkenntnisse gewinnt. Dort wo es keine unmittelbare Überlieferung gibt, setzt sich das umfassendere Bild eines Brauches notgedrungen aus verschiedenen Mosaiksteinen zusammen. Das liegt zum einen an dem

langen Zeitraum, den es zu überblicken gilt, zum anderen aber auch an den einschneidenden Veränderungen über die Zeit: In Europa haben unzählige Kriege, Untergänge von Völkern und Kulturbrüche in den letzten 2500 Jahren eine lückenlose Tradierung verhindert. Man denke nur an die Auswirkungen der Inquisition und die Hexenverfolgung ab dem 15. Jahrhundert. Doch schon in den frühchristlichen Konzilen der spätrömischen Zeit wurde die alte Naturverehrung verunglimpft, die in der antiken Welt Europas sowohl bei den unterworfenen Völkern als auch außerhalb des Römischen Reiches sehr verbreitet war. Immer wieder wurden die Naturrituale als »heidnisch« diffamiert und die Menschen, die eine Naturreligion pflegten, mit üblen Strafen verfolgt oder sogar zum Tode verurteilt. Die Kirchenväter folgten dabei dem Vorbild ihrer Vorväter, deren Vorgehen gegen die altsemitischen Naturreligionen im Alten Testament beschrieben wird. Ein Beispiel dafür ist die altorientalische Göttin Ashera, die man im Nahen Osten in einem heiligen Hain als Kultpfahl (Baum), Quelle oder Stein verehrte und deren Kultstätten der Reihe nach zerstört wurden. Als der römische Kaiser das Christentum im Römischen Reich offiziell zur Staatsreligion erhob, wurde aus der ehedem friedliebenden Minderheit eine mächtige Institution. Bald war es mit der religiösen Toleranz vorbei, und die Kirchenväter befahlen heilige Bäume zu fällen, Ahnensteine zu zerschlagen und Bildnisse zu vernichten. Trotz aller Drohungen ließen die Menschen deshalb noch lange nicht von ihrem alten Glauben und ihren Riten ab, denn in der alteuropäischen Mythologie wurden vielfach die Kräfte der Natur, die schützenden Ahnen und die göttliche Ahnfrau verehrt, die den Menschen, Tieren und Feldern alljährlich Fruchtbarkeit schenkte. Wer diese alten Praktiken weiterhin pflegte – entweder offen oder insgeheim – wurde von den Bischöfen zum unbelehrbaren und abergläubischen Volk gezählt.

Eine bedeutende Quelle, um das Brauchtum unserer Vorfahren zu erschließen, ist das Missionsbüchlein des Wanderpredigers Pirmin. Dieser lebte etwa von 670 bis 753 und wirkte unter anderem auf der Insel Reichenau am Bodensee und im Alpenrheintal. Sein Büchlein, das unter dem Titel »Scarapsus« bekannt ist, enthält viele Beschreibungen alter Rituale, die auch im Alpenraum gepflegt wurden und teilweise bis heute fortleben. So berichtet er davon, dass man zum Beispiel Brot in den Brunnen warf, was an die Gabe an die Elemente unserer Zeit erinnert, wenn dem Wind, dem Wasser oder der Erde

Weihegaben entboten werden, oder die Menschen vermummten sich mit Hirschfellen, wie sie es heute noch bei zahlreichen Umzügen in der Mittwinterzeit tun.

»Die Seele der Alpen« ist eine Entdeckungsreise durch den Alpenraum, in der die jahreszeitlichen Bräuche und naturbezogenen Kulte im Vordergrund stehen. Dabei ist es überraschend, wie viele archaische Spuren noch vorhanden sind und mit welcher Hingabe unzählige Menschen diese Rituale pflegen. Daher habe ich aus der Fülle dieses unschätzbaren Kulturerbes eine Auswahl getroffen, die eine anschauliche Abfolge der Bräuche im Jahreslauf erlaubt. Wichtig war mir zudem, dass diese Traditionen heute noch gelebt werden und jeweils Zusammenhänge zu deren kulturellem Hintergrund bestehen. Denn eine meiner zentralen Fragestellungen ist, warum die Rituale genau in diesem zyklischen Abschnitt des Jahres ausgeübt werden. Ebenso interessierte mich besonders, ob diese Rituale mythologische Spuren aufweisen und es Hinweise auf eine außerchristliche Tradition gibt. Es sind dabei oft die einfachen Fragen, die zu erstaunlichen Einsichten führen. Überblickt man die beschriebenen Rituale in diesem Buch, so gibt es durchaus gemeinsame Merkmale. So stehen die Bräuche alle in Verbindung mit den Vorgängen in der Natur und sind eng an die Verehrung der Ahnen gebunden. Die Bedeutung der Ahnenwesen ist ein zentraler Ansatzpunkt, um jahreszeitliche Feste zu verstehen. Vielfach wird dieser Aspekt bei der Beschäftigung mit den Bräuchen kaum oder gar nicht beachtet, doch die Anderswelt und die Totenpflege spielen eine derart bedeutende Rolle, dass sie einen Schlüssel zum Verständnis der geheimnisvoll anmutenden Bräuche darstellen.

In diesem Sinn ist dieses Buch sogar mehr als eine Entdeckungsreise zu den ursprünglichen Ritualen der Alpen. Es ist eine Reise zu den Wurzeln alteuropäischer Traditionen, denn die Ahnen- und Naturverbundenheit pflegte man einst in ganz Europa. Nur haben diese Bräuche in unwegsamen Gebieten wie den Alpen länger überlebt. Zudem wird durch die Darstellungen deutlich, dass Rituale nicht nur im Jahreskreis bedeutsam sind, sondern auch eine persönliche Erfüllung bewirken.

Die Kraft der alten Bräuche

Die Alpen sind seit jeher eine faszinierende Welt aus schroffen Felsen und weißen Berggipfeln. Als sich am Ende der letzten Eiszeit die Gletscher allmählich zurückzogen, entstanden fruchtbare Täler und Hochebenen, wo die ersten Menschen aus der Frühzeit reichlich Wild und Pflanzen fanden. Höhlen und Felsvorsprünge boten ihnen Schutz vor Wind und Wetter, am Lagerfeuer stellten sie Werkzeuge her und teilten sich die Nahrung. Es ist davon auszugehen, dass sich diese frühen Alpenbewohner schon damals sowohl über ihr Dasein in der Gemeinschaft als auch über die sie umgebenden Naturphänomene Gedanken gemacht haben. Davon zeugen Fundstücke von Ausgrabungen, Kultplätze, Felszeichen und frühgeschichtliche Inschriften. Aber auch Sagen, alte Bräuche und jahreszeitliche Naturrituale erzählen davon. In der archaischen Glaubenswelt spielten die Geister der Ahnen und die Naturwesen eine zentrale Rolle. Oft kommt in diesen Vorstellungen eine Große Ahnfrau vor, von der die Menschen abstammen. Oder es ist die Rede von einem weiblich-männlichen Ahnenpaar, das die ersten Menschen erschaffen haben soll. Außerdem waren es die Ahnengeister der Verstorbenen, die den Sippen Schutz und Segen brachten, und die man in schamanischen Ritualen um Rat ersuchte. Eine Sippe lebte in dem spirituellen Bewusstsein, dass die Lebenden und Toten der Anderswelt zusammen eine Gemeinschaft bilden und zwischen den beiden Welten durch Rituale und Bräuche eine unmittelbare Wechselbeziehung hergestellt werden kann. Häufig gab es sogar die urtümliche Vorstellung, dass

Die Kraft der alten Bräuche

aus dem heiligen Schoß der Großen Ahnfrau die Menschen, Tiere und Pflanzen gekommen waren. So galten Natur- und Tierwesen sowie der Mensch als miteinander verwandt.

Salige und Schicksalsfrauen

Im Alpenraum ist in zahlreichen Sagen der Jägerkultur immer wieder von einer Ahnfrau und Herrin der Tiere die Rede. In den Ostalpen erscheint sie als »Salige« oder in ihrer Dreiheit als »die saligen Frauen«, die in der Tiroler Sagenwelt im Inntal, Vinschgau und Ötztal lebendig geblieben sind. Ihre beliebtesten Aufenthaltsorte waren Felsen, Steinblöcke, Höhlen und Gletscher. Besonders häufig wurden sie in den im Inneren des Berges verborgenen Gletscherhöhlen vermutet, die als wunderbare Jenseitsparadiese beschrieben werden. Dort hausten sie, so erzählt man sich, in einem Kristallpalast, wo reichlich Speisen gereicht wurden und der Gast von lieblichem Gesang umgeben war.

So manchen jungen Burschen haben sie in ihre zauberhafte Höhlenwelt eingeladen, wo sie mit ihm eine fröhliche Zeit verbrachten – bis er irgendein Tabu brach, indem er beispielsweise eine ihrer Gämsen tötete. Die Gämsen sind nämlich die Haustiere der Saligen und ihnen deshalb heilig. Sie pflegten und hüteten die Tiere, und die Jäger mussten sich mit den Ahnfrauen gut stellen. Von ihnen kamen die Tiere, die als deren Schutzbefohlene galten. Die Jäger respektierten die Saligen und beachteten ihre Regeln. Eine davon lautete, dass sie nur eine gewisse Anzahl Tiere erlegen durften. Wurden aber derlei Anordnungen missachtet oder benahm sich ein Mensch sonst irgendwie frevelhaft gegenüber der Ahnfrau und ihren Tieren, drohte demjenigen Ungemach, oder er wurde sogar mit Wahnsinn gestraft.

Die Saligen selbst galten ansonsten als eher zurückhaltend, gutmütig, weise und hilfsbereit – die scheuen Wesen verabscheuten jeglichen Lärm. Es hieß, sie erschienen den Menschen in weißen Gewändern und hätten goldblondes Haar wie Flachs.

Als die Menschen allmählich sesshaft wurden und Ackerbau und Viehzucht betrieben, wurde aus der urtümlichen Hüterin der Tiere die Segensbringerin der Menschen – eine schützende Ahnfrau des gesamten Hofes, der Bäuerinnen und Bauern sowie des Gesindes. Seither gaben die weißen Frauen Rat bei der Aussaat, beim Ackerbau und bei der Pflege der Tiere. Mit ihrer Weisheit unterstützten sie die Menschen auch in Alltagsfragen und galten als Schicksalsfrauen. Besonders die Frauen hatten zu den Saligen eine enge Beziehung, denn die standen ihnen auch bei der Geburt ihrer Kinder bei. Die mythischen Frauen waren außerdem heilkundig und wussten alles über die wild wachsenden Heilkräuter der Natur. Vor allem an Mittwinter, in den Zwölften (24. Dezember bis 6. Januar) besuchten die Saligen die Häuser und Höfe, um mit den Frauen unsichtbar am Feuer zu sitzen und den Flachs zu spinnen.

Interessanterweise gibt es in Tirol nicht nur die Anschauung, dass die Saligen bei Steinen, Felsen und in (Gletscher)-Höhlen wohnen, sondern dass sie sich auch in einem Baum verkörpern könnten. Einst stand in Durnholz (Südtirol) die Drei-Saligen-Föhre, bei der aus einem größeren Baumstock drei Stämme wuchsen. Gemäß der Überlieferung war ein

Stamm kleiner als die beiden anderen und symbolisierte das junge, mädchenhafte Leben der Saligen. Der mittlere Stamm hingegen war stark und mächtig und repräsentierte das volle Lebensalter. Der äußere Stamm wiederum war schon morsch geworden und stellte das greisenhafte Alter dar. Sie erschienen den Menschen als die drei Schicksalsfrauen – junges Mädchen, reife Frau und alte Weise –, wie sie in der europäischen Mythologie als schützende Ahninnen vorkommen. Meistens heißen sie dort einfach »die drei Frauen«, »die Geburtshelferinnen« oder »die Mütter«.

Die Saligen wurden noch auf andere Art und Weise mit dem Baumkult verbunden: So war es bei den Holzfällern einst Brauch, nach dem Fällen eines Baumes auf dem flachen Baumstrunk ein Kreuz oder drei Kreuze einzuhauen. Der Baumstock mit dem magischen Zeichen galt dann als sicherer Sitz der saligen Frauen, die sich darauf ausruhen konnten. Auch Flachsfelder oder Wegkreuze zählten zu ihren bevorzugten Aufenthaltsorten.

Ebenso aufschlussreich ist in diesem Zusammenhang der Name der Saligen: Die Bezeichnung »salig« hat wohl kaum etwas mit »selig« im christlichen Sinne zu tun. Entweder stammt diese Bezeichnung vom indoeuropäischen *salin* »Glück, Heil« ab, sodass die Saligen entsprechend Glücks- und Heilsbringerinnen sind. Oder es liegt eine Vermischung mit einem alten, sprachverwandten Wort vor, wie es im griechischen *selas* »hell, glänzend« tradiert ist. Dann wären die Saligen die »weißen Frauen«, die mit dem Mond verbunden sind; denn *selas* weist, wie in der griechischen Mythologie bei der Göttin Selene, auf den Mond hin. Wenn wir dabei an die Beschreibungen der anmutigen Frauen in weißen Gewändern und an ihre blonden Flachshaare denken, so scheint diese Deutung durchaus möglich.

Kelten, Räter und Noriker

Die Mythologie der Alpenvölker ist zwar untergegangen, doch Reste davon sind immer noch vorhanden. Zu den urtümlichen Gottheiten der Alpen gehören auch eine Reihe mythischer Ahnenwesen, die oft mit den Elementen (Erde – Feuer – Wasser – Wind) oder mit Naturerscheinungen (Berge, Felsen, Gewässer, Bäume, Haine) verbunden wurden und teilweise noch werden. Leider haben uns die alten Völker wenig schriftlich überliefert, oder wir können, wie im Fall des Rätischen, die Botschaften nicht entziffern. So versuchen wir auf unterschiedlichste Weise etwas über die alte Götterwelt zu erfahren: ob durch die Deutung von Landschafts- und Ortsnamen, die Entschlüsselung von Inschriften oder Felszeichnungen, die Interpretation figürlicher Darstellungen oder bei der Untersuchung astronomischer wie geografischer Gegebenheiten. Dabei stößt man in den Alpen auf zahlreiche Spuren der Verehrung verschiedener Gottheiten.

POENINUS

Eine der wenigen schriftlich belegten Berggottheiten der Westalpen ist der keltische Poeninus. Sein Heiligtum stand auf der Passhöhe des Großen St. Bernhard, der das Aostatal mit dem Wallis verbindet. Berichte aus der römischen Antike erwähnen, dass die damals im Wallis siedelnden keltischen Stämme der Veragrer und Seduner den Poeninus auf dem höchsten Gipfel des Passes verehrten. Als Naturwesen wurde er von den Menschen anfänglich als Berg- und Schutzgeist des Ortes mit einer kleinen Gabe bedacht, die sie für ihn auf einen Stein legten. Sie dankten ihm so für den glücklichen Verlauf der bisherigen Wanderschaft, baten um seinen Segen und gute Witterung für die Weiterreise. Solche einfachen Altarsteine, an denen man Opfer an die Gottheit entrichten konnte, finden sich in vielen Bergregionen. Im Alpenraum ist es auch bis heute Brauch, auf einer Anhöhe Steine aufeinanderzulegen, bis schließlich weithin sichtbare Steintürme entstehen. Ob diese Steintürme als Wegmarken der Orientierung dienten oder zu Ehren der Ahnengeister entstanden sind, liegt im Dunkel.

Möglicherweise hat es auf dem Pass früher auch Schalensteine gegeben, auf denen Gaben abgelegt werden konnten. Bekannte Opfer waren Brot, Käse, Milch, Ähren oder auch Schmuckstücke wie Broschen oder Perlen. Noch kaum untersucht ist, ob in dieser Berggegend womöglich auch alte Felsritzungen erhalten sind. Die Vermutung, dass es sie gegeben haben könnte, rührt daher, dass Felszeichen nebst Schalensteinen im Wallis gleich mehrfach überliefert sind. Gut möglich also, dass man bei einer systematischen Untersuchung auch auf dem St. Bernhard derlei Spuren entdecken könnte. Im Wallis lässt sich zudem beobachten, dass viele der Schalensteine zu heiligen Bergen, wie zum Beispiel dem Matterhorn, weisen und womöglich als Altarsteine gedient haben.

Archäologen und Sprachforscher gehen heute davon aus, dass die Verehrung des Poeninus noch aus vorkeltischer Zeit vor mehr als 3000 Jahren stammte. Sie wurde dann von den Kelten übernommen, die diesen Naturort weiterpflegten und dort ein erstes kleines Heiligtum errichteten. Als dann die Römer auf die Kelten folgten, wiederholte sich diese Überprägung durch die neuen Herren: Die Römer bauten einen größeren Tempel, und neben Poeninus wurde nun auch der römische Gott Jupiter verehrt. Entsprechend nannte man in der Antike die Walliser Alpen »Alpes Poeninae«, und der Pass hieß bis ins Mittelalter

»Mons Iovis« (Jupiterberg). Erst ab dem 13. Jahrhundert taucht dann allmählich der Name »Mont-Saint-Bernard« auf. Und heute thront nun anstatt Poeninus oder Jupiter die Statue des Heiligen Bernhard auf der Passhöhe. Die Erinnerung an Poeninus hat sich aber in den Landschaftsnamen erhalten. So zum Beispiel im italienischen Ortsnamen *Valpelline*, der aus einer älteren Form von *Vallis Pennina* entstanden ist, sowie im bekannten *Apennin*. All diesen geografischen Ortsbezeichnungen liegt die vorkeltische Sprachwurzel *pen zugrunde, die einfach »Berg« oder »Gebirgszug« bedeutet. So hat Poeninus bis in unsere Zeit seine Spuren hinterlassen.

BERGGÖTTINNEN ALPIBUS

Eine ganz andere alte Götterwelt begegnet uns in Thun-Allmendingen, wo der Ort zusammen mit dem Thunersee das geografische Tor zum Berner Oberland bildet. Archäologische Ausgrabungen ergaben, dass hier ab dem ersten Jahrhundert eine keltisch-römische Tempelanlage lag. Leider befindet sich an dieser Stelle heute ein Golfplatz mit dem fast schon ironisch anmutenden Namen »Tempel«, von der ehemaligen Kultstätte ist jedoch nichts mehr zu sehen. Vor fast 2000 Jahren dürfte dieser Platz jedoch das religiöse Zentrum der Region gewesen sein, die einst »regio lindensis« hieß – »die Gegend am Wasser«. Dort stand das Heiligtum mit acht Sakralbauten, die von einer Mauer umgeben waren. Im Tempel selbst verehrten die Menschen neben den zahlreichen römischen Gottheiten, darunter Jupiter, Diana, Minerva, Merkur oder Neptun, auch keltische Götterwesen, die einen Bezug zur mythischen Wasser- und Berglandschaft hatten. Das waren die Müttergöttinnen »Matronis« und die Alpengöttinnen »Alpibus«, die auf einem Inschriftenstein, der 1926 gefunden worden war, erwähnt werden. Der beschriftete Stein kann heute im Bernischen Historischen Museum bewundert werden.

Zum besseren Verständnis dieser alten Berggöttinnen lohnt eine kurze Betrachtung der besonderen Lage des Heiligtums. Der Tempel stand am nordwestlichen Ende des Sees auf einer kleinen Anhöhe, die gänzlich von Wasser umschlossen war: von den Flüssen Kander und Aare sowie vom Thunersee, der bei Hochwasser an den heiligen Bezirk heranreichte. Vom Tempel aus konnte man die Berge auf der anderen Seite des Sees gut erkennen. Allen voran die Dreiheit Eiger, Mönch und

Jungfrau, die auch eine astronomische Bedeutung haben. Denn von Thun-Allmendigen aus sieht man heute noch bei der Wintersonnenwende am 21. Dezember die Sonne am Gipfel der Jungfrau aufgehen. Man kann also die mythische Wiederkehr des Lichts aus dem Dunkel beobachten – dieses Naturschauspiel wurde den drei »Matronis« sowie den »Alpibus« zugeschrieben, die im Tempel verehrt wurden. Somit steht die Wintersonnenwende hier mit den göttlichen Bergahnfrauen in direkter Verbindung, die sich in der Landschaft in den drei heiligen Bergen Eiger, Mönch und Jungfrau manifestieren. Der Standort des Tempels ist also von seinen damaligen Erbauern aufgrund der besonderen Naturgegebenheiten der Wasser- und Berglandschaft und der astronomischen Gegebenheiten mit Bedacht gewählt worden.

Es gibt aber noch ein weiteres natürliches Phänomen, das uns unmittelbar zur Symbolik der Ahnfrauen führt. Im Oktober und im März, also am Anfang und am Ende des Bauernwinters, zeigt sich jeweils bei Sonnenuntergang ein dunkles Kreuz im Gipfelbereich der Jungfrau, das durch einen speziellen Schattenwurf der umliegenden Felsvorsprünge bewirkt wird. Dieses »Kreuz der Jungfrau« ist von außerordentlicher

Schönheit, insbesondere, wenn der schneebedeckte Berggipfel, der rote Fels und die schwarze Kreuzform eine Aura der Erhabenheit bilden. Und auch hier ist das Kreuz in der zauberhaften Bergwelt das Symbol göttlicher Ahnfrauen, der Alpibus oder Matronis, ähnlich wie es in den Ostalpen das Zeichen der Saligen und der Mittwinterfrau Percht war. Auf die letztgenannte mythische Ahnfrau werden wir im Folgenden noch ausführlich zurückkommen.

DER GEHÖRNTE

Ein weiteres Ahnenwesen im Alpenbogen, das bis heute als Sagengestalt, in Masken und bei Umzügen im heutigen Brauchtum auftritt, entdecken wir im norditalienischen Tal Val Camonica in einer Felszeichnung – der »Gehörnte« oder der »gehörnte Mann«.

In dem Tal wurden von der Steinzeit bis zur Römerzeit mehr als 200 000 Zeichen in den Fels gehauen: unterschiedliche Symbole, männliche und weibliche Figuren sowie verschiedenartige Tiere kommen dort vor. Vielleicht waren diese

Zeichen Ortsmarken, oder man trat mit diesen Bilddarstellungen rituell mit einer höheren Macht in Kontakt, um möglicherweise von der Herrin der Tiere oder den Ahnengeistern den Segen zu erbitten. Manche Sinnbilder könnten auch den Tod und die Wiedergeburt eines Tierahnen darstellen. Was diese Felszeichnungen genau bewirken oder darstellen sollen, ist bis heute unklar. Zweifellos waren diese Kultsteine aber einst heilige Stätten – gleichsam steinerne Kultstätten in freier Natur.

Die meisten Felsbilder finden sich heute in einem Nationalpark bei Capo di Ponte. Dort entdecken wir neben einer tanzenden Frauengruppe und dem Zeichen eines Labyrinths auch das Bildnis eines »gehörnten Mannes«. Diese Felszeichnung dürfte etwa 2500 bis 3000 Jahre alt sein und wurde wohl von den vorrömischen Bewohnern des Val Camonica, den alten Cammuni, angebracht. Der Mann mit dem Hirschgeweih wird als keltischer Cernunnos (»Gehörnter«) gedeutet, wobei wir hier mit dem Hirschmenschen sogar auf sein noch älteres Urbild aus der Bronzezeit stoßen: Der Hirschmensch ist entweder ein Mischwesen, halb Tier und halb Mensch, oder er trägt ein Geweih als Krone oder eine Hirschmaske auf dem Kopf. Manche sehen in ihm einen Schamanen, für andere handelt es sich bei ihm um den Herrn der Tiere oder um einen sterbenden und wiederkehrenden Hirschheros. Jedenfalls darf die Darstellung als frühes Sinnbild eines wilden, gehörnten Mannes gelten, wie er bis heute um Mittwinter im alpinen Jahresbrauchtum der Zwölften, während der Rauhnächte und im Perchtenlauf auftritt. Eine naturmagische Gestalt, die sich über die Jahrtausende in der Vorstellungswelt der Menschen gehalten hat.

REITIA

Archäologische Relikte zeugen davon, dass man vor etwa 2500 Jahren von Tirol bis nach Venedig die Ahnfrau Reitia verehrte, die für verschiedene rätische Stämme Göttin und Stammesmutter war. Ihr Name ist auf Weihegaben wie zum Beispiel Bronzeblechen inschriftlich belegt. Die Räter verwendeten für die Buchstaben ein nord-etruskisches Alphabet, sie selbst sprachen jedoch rätisch. So können die Sprachforscher die Inschrift zwar entziffern, aber deren Inhalt nicht verstehen. Funde der letzten Jahrzehnte zeigen, wo die Göttin überall um Segen gebeten wurde. So zum Beispiel in Este unweit von Venedig, in Sanzeno-Nonsberg im Trentino, in Meran-Hochbühl, auf dem Tartscher Bühel im Vinschgau oder in Ampass-Demlfeld bei Innsbruck. An diesen Kultplätzen wurden jeweils stilisierte Frauenfigürchen aus Metall gefunden, die in der Archäologie als Reitia-Figürchen bekannt sind.

Die Bildnisse weisen oft ein dreieckiges Grundmuster auf, an dem Füße oder Anhänger herabhängen sowie seitwärts abstehende Arme angebracht sind. Manche der Schmuckstücke haben stilisierte Vogel- oder Pferdekopfarme, sodass Reitia, wie die griechische Artemis, auch als Herrin der Tiere gilt. Auf der Brustpartie der Menschen ähnelnden Figurinen erscheint einmal ein Vogelmotiv, sonst sind mehrmals Gesichter erkennbar. Interessant sind auch die Symbole am Kopf der Göttin. So weist ein Plättchen konzentrische Kreise auf, ein weiteres ein radiales Muster, das wohl die Sonne oder einen Stern versinnbildlicht. Fast alle Reitia-Figürchen haben eine Öse, was darauf hindeutet, dass die Figurinen als schützendes Amulett getragen wurden – wahrscheinlich von Frauen, bei denen es womöglich üblich war, den Schmuck von der Mutter auf die Tochter zu vererben.

Besonders aufschlussreich ist ein Fund vom Ritualplatz Ampass-Demlfeld, wo ab dem 6. Jahrhundert vor Christus bis zur Römerzeit zahlreiche Weihegaben geopfert wurden. Dort entdeckte man nicht nur ein Reitia-Figürchen mit Pferdekopfarmen, sondern auch ein Bronzeblech mit den stilisierten Umrissen einer Frau. In ihrem Körper ist zwischen den Beinen eine zweite menschliche Gestalt eingelassen, die beim Nabel mit einer Öffnung gekennzeichnet ist. Man deutet dieses Figürchen als Nachbildung einer Schwangeren. Es könnte sich aber auch um die Darstellung einer Geburt handeln. Reitia wäre demnach eine Kinder und Leben schenkende Ahnfrau. Nicht auszuschließen ist auch, dass es

sich um eine Doppelfigur handelt, in der Mutter und Tochter dargestellt werden. Jedenfalls ist das Bildnis aus dieser Alpenregion eine kleine Sensation. Für die Archäologen war es auch überraschend, dass von den über 2000 Fundstücken des Kultplatzes der überwiegende Teil der »weiblichen Sphäre« zugehört.

Folgt man nun den Spuren der Göttin Reitia anhand ihrer Fundstätten, so lassen sich – wie bei den Kelten – in der Mythologie der rätischen Stämme Hinweise auf eine mutterrechtliche Tradition feststellen. Darin haben Erbtöchter, die Sippenmutter sowie der Mutterbruder üblicherweise eine bedeutende Rolle. Aus dieser Zeit stammt auch der Volksname »Räter«, in dem die Stammesmutter Reitia als verbindende Ahnfrau anklingt.

Man kann die Frage stellen, ob die Mythologie der Reitia eine gewisse Fortsetzung erfahren hat. In Tirol haben sich zweifellos Spuren einer alten Muttergöttin in der Gestalt der Notburga von Rattenberg im Inntal erhalten. Die Volksheilige wird oft mit Sichel und Ähren abgebildet, was sie in die Nähe alter Korngöttinnen rückt. Außerdem soll sie nach ihrem Tod auf einen Karren mit zwei Ochsen gelegt worden sein, die den Wagen über das Land zogen und der Legende nach erst in Eben am Achensee anhielten. Dort wurde Notburga von Rattenberg begraben. Die Heilige teilt diese naturmagischen Attribute mit anderen Muttergöttinnen. So zum Beispiel mit der Kybele, die im keltisch-römischen Gallien als Berecynthia bekannt war und noch im 4. Jahrhundert verehrt wurde. Ihr Bildnis wurde auf einem von Ochsen gezogenen Wagen über Felder und Weinberge geführt, damit sie ihrer Landschaft Segen und Fruchtbarkeit brachte. Gleiches gilt für die Göttin Nerthus in Nordeuropa, die der römische Geschichtsschreiber Tacitus als »Terra Mater« bezeichnet. Nerthus wurde in einem heiligen Hain auf einer Insel im Ozean verehrt. Dort soll sie auf einem von Kühen gezogenen Wagen über das Land gefahren sein. Überall, wo die Göttin hinkam, herrschten Frieden und Gedeihen.

Interessanterweise gibt es in der Region des Achensees Reste eines alträtischen Naturheiligtums. Es handelt sich um die sogenannte Inschriftenhöhle beim Schneidjoch in der Nähe von Steinberg am Rofan. Hier entdeckt man eine Quellgrotte auf 1600 Metern Höhe mit besonders gutem Trinkwasser. Etwa vor 2500 Jahren wurden in der Grotte rätische Inschriften in den Fels graviert, die als Weiheschriften gelten. Die Höhle und die Quelle dürften der Reitia geweiht gewesen sein, denn auch andernorts erscheint sie als Quellgöttin. Die Inschriften, die auf sie hindeuten, warten aber immer noch auf eine überzeugende Übersetzung.

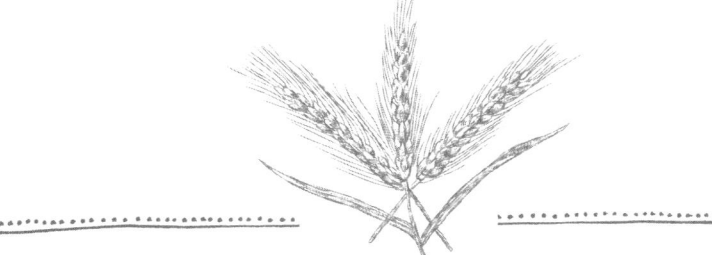

NOREIA

Neben der Reitia verehrte man in den Ostalpen fast zeitgleich die göttliche Ahnfrau Noreia, deren Name auch in römischen Inschriften verschiedentlich tradiert ist. Auch sie ist wie ihre rätische Schwester eine Stammesgöttin, nämlich die der Noriker, die Gebiete des heutigen Bayern, Österreich und Slowenien bewohnten. Vor etwa 2200 Jahren schlossen sich in dieser Region 13 Stämme zusammen und bildeten das Königreich Norikum. Der Stamm der Noriker selbst siedelte von den Hohen Tauern bis nach Slowenien. Nachdem die Römer den Alpenraum erobert hatten, verglichen sie die einheimische Landschaftsahnin mit der ägyptischen Isis, sodass sich in Quellen aus dieser Zeit oft die Doppelnennung Isis-Noreia findet. Noreia wiederum war eine (vor)keltische Natur- und Stammesahnfrau, welche die Menschen als göttlich wirkende Kraft in den Naturerscheinungen ihrer heiligen Landschaft verehrten. Ihre Kultstätten waren einfache Haine und besondere Plätze wie Steine und Höhlen. In diesem direkten Bezug zur Natur war es nicht notwendig, Tempelbauten im Sinne der Antike zu errichten.

Die Überreste der Kultorte finden wir besonders häufig auf Hügeln und Anhöhen.

So zum Beispiel das Heiligtum der Isis-Noreia auf dem Schlosshügel von Hohenstein bei Liebenfels in der Nähe von St. Veit an der Glan in Kärnten. Auch hier kann man wie vielerorts die im Laufe der Geschichte sich immer wieder vollziehende Vereinnahmung der alten Glaubenswelt durch die neuen Machthaber und deren Vorstellungen nachvollziehen: An diesem alten Ort schränkten die Römer die umfassende Bedeutung der Noreia ein und stellten sie als römische Glücksgöttin Fortuna mit Füllhorn und Steuerruder dar. In Kärnten sind noch zwei weitere Anhöhen mit der Noreia verbunden: der Ulrichsberg und der Magdalensberg. Auf dem Gipfel des Ulrichsberges befindet sich die Ruine einer mittelalterlichen Kirche. Über dem Eingang ist der Isis-Noreia-Weihestein eingemauert, der aus dem keltisch-römischen Heiligtum stammte.

Auf der Bergspitze des Frauenberges bei Leibnitz in der Steiermark, wo heute eine Marienkirche thront, wurde ein Tempel der Isis-Noreia gefunden – an die Stelle der Noreia und der Fortuna ist im Laufe der Zeit Maria getreten.

In Kärnten ist die Erinnerung an die Göttin Noreia nie ganz erloschen. Sie zeigt sich an zwei Statuen, die man dort besuchen kann, mit denen ein ganz besonderer Ritualbrauch verbunden ist. Eine der Sitzstatuen befindet sich in Wutschein nördlich von Poggersdorf. Sie wird im Volksmund »Kuhdirn« genannt und als Isis-Noreia gedeutet. Leider fehlt der Statue der Kopf. Dieser soll in den Kellerfundamenten des südöstlich gelegenen Bauernhofes eingemauert worden sein. Im Zuge der Christianisierung wurde den meisten Statuen der alten Religion durch das Kopf-Abschlagen die »Kraft« genommen.

Die steinerne »Kuhdirn« besitzt aber noch eine weitere Besonderheit: Im Schoß der Göttin befindet sich eine größere Vertiefung, eine Art Schale, die in den Stein geschlagen wurde. Es war Brauch, von der Kuhdirn Segen, Fruchtbarkeit und Kinder zu erbeten. Dazu wird heute noch ein besonderes Ritual an einer zweiten Isis-Noreia-Statue gepflegt.

Diese steht nördlich von Magdalensberg im Görtschitztal im Zentrum von Wieting an der äußeren Kirchenmauer der Propsteipfarrkirche St. Margareta. Auch dieser sitzenden Frau fehlen Kopf und Hände, die ihr im 13. Jahrhundert abgeschlagen wurden. Die Marmorfigur wurde etwa um 110 geschaffen und im 7. Jahrhundert versetzt. Auf der Rückseite der Statue ist eine Opfernische angebracht, die Vorderseite mit dem Schoß ist deutlich abgescheuert. Es ist nämlich Brauch, dass Frauen heimlich oder auch in der Anwesenheit anderer Besucher auf dem Schoß der Göttin herabrutschen, um so von der Lebensspenderin spirituell ein Kind zu empfangen. Den Frauen in diesem urtümlichen Brauch der Noreia ist wahrscheinlich häufig nicht bewusst, dass sie eine mehr als 2000 Jahre alte Kulttradition pflegen, die zum Ursprung der Noreia-Mythologie gehört. Bevor es diese Statue gab, übten die Frauen und Mädchen den Empfängnisbrauch wohl bei einem natürlichen Kultstein aus, den sie ebenfalls als göttliche Ahnfrau verehrten. Solche Rutschsteine, an denen die Kinderseelen empfangen und wiedergeboren werden, gibt es im gesamten Alpenraum. Sie sind primär weiblich und gelten als Ahninnensteine einer ehemaligen Landschaftsgöttin, wie auch immer diese Kindersteine heute genannt werden. So zum Beispiel Zwergen- oder Hexensteine.

Von Sennerinnen und Hirten

Die alten Gottheiten der Alpen werden heute nicht mehr verehrt, doch der Glaube an die göttlichen Ahnen verschwindet nicht einfach so – sie leben in veränderter Form und Gestalt weiter. So zum Beispiel in den Sagen und Bräuchen der Menschen und damit in deren Herzen. Vielfach sind jedoch die alten Ahnenwesen gänzlich namenlos oder nur sehr bruchstückhaft überliefert. Meistens tauchen sie nur indirekt oder symbolhaft in den geheimen Ritualen der Volkstradition auf, in der das kulturelle Gedächtnis an die Naturahninnen und Ahnengeister zunehmend nachlässt. Das gilt auch für die praktische Ausübung der Jahresbräuche, die ihre mythischen Zusammenhänge allmählich verlieren und bei denen nur noch einzelne Motive gepflegt werden. Die alte Verehrung der Naturkräfte wurde schrittweise und auf Druck der Kirche hin verdrängt und mutierte zum sogenannten »Aberglauben«. Besonders dort, wo sie durch die Religion und eine falsch verstandene Aufklärung zersetzt wurde und ihre Wesenheit verloren hat.

Obwohl die traditionsbewussten Menschen bis ins 19. Jahrhundert Gefahr liefen, verspottet oder gar bei der Obrigkeit angezeigt zu werden, hielten sie über die Jahrhunderte an ihren Ritualbräuchen fest. Der Geist der Ahnen heißt nun nicht mehr Noreia, Poeninus, Cernunnos oder Reitia, sondern erscheint typisiert und vereinzelt als die Alte oder der Alte, die Braut, die (Groß)-Mutter, die Pudelmutter, der Grüne oder Schwarze, der Strohmann, die Roggenmuhme, die Kornmatze, die letzte Garbe, die wilde oder weiße Frau oder die drei Schwestern. Dasselbe gilt auch für die vermeintlich christlichen Gestalten wie die drei Marien im Kinderlied, dem Bauernheiligen Sankt Martin, der geheimnisvollen Ampet in der Kirche von Klerant (Südtirol), der Margaretha mit der Schlange in Obersaxen (Graubünden) sowie der Lucia oder Lutzl des 13. Dezembers, hinter denen einst verehrte Gestalten aus der einheimischen Mythologie stehen. Im Alpenraum gibt es nun verschiedene Spuren, die darauf schließen lassen, dass in den Traditionen der Hirtenkultur die alten Naturwesen fortleben.

DER STEIN DER ALTEN MUTTER

Im Oberengadin liegt etwa eine halbe Stunde von St. Moritz entfernt das Dorf Zuoz. Im Tal fließt der schöne Inn, und an den steil aufragenden Hängen weiden Schafe. Früher trieben die Hirten die Tiere des Dorfes auf einem schmalen Pfad und über zwei Bäche zur Alp Belvair, wo sie den Sommer verbrachten. Beim zweiten Bergbach kamen die Hirten zu einem kleinen Taleinschnitt, von dem aus sie am Hang einen riesigen Fels erblickten. Dieser Steinblock mit seinem charakteristischen Aussehen ist heute noch als »Alte Mutter« (»Muma Veglia«) bekannt. Über den Fels fließt das Quellwasser und versinnbildlicht so einen weiblichen feuchten Schoß. Darum nannten die Hirten diesen Block in ihrer eigenen derben Sprache manchmal »das Hinterteil der Alten«. Dennoch respektierten und verehrten sie die heilige Wirkkraft dieses Kultsteines. Es war nämlich Brauch, dass die Hirten mit den jungen Burschen im Frühjahr zur Alp zogen. Kamen sie nun am Stein der Alten Mutter vorbei, stiegen die Jungen, die zum ersten Mal dabei waren, zum wasserreichen Fels empor und küssten ihn. Durch dieses Ritual wurde die Alpmutter zur Schützerin des Jungen, der so ihren Segen erlangte. Wurde dieser Kuss jedoch versäumt, bedeutete dies für die Hirten das ganze Jahr Unglück: Tiere drohten verloren zu gehen, Schäden und Verletzungen waren wahrscheinlich. Der Kuss selbst war sowohl eine Art erotische Handlung als auch eine Art Pakt mit der Ahnfrau. Gleichzeitig war der Kuss des weibli-

chen Hinterteils auch ein Zeichen der Initiation des jungen Mannes, für den die Alte Mutter von nun an ein Leben lang zur Beschützerin und freundlichen Schicksalsfrau wurde.

Denselben alten Brauch finden wir im Bündner Münstertal (Val Müstair) unweit des Tiroler Vinschgaus. Hier zogen die Hirten mehrere Stunden von Sta. Maria aus zur Alp Val Mora beim Ofenpass. Im Hochtal, mitten im Feld, entdeckt man eine kleine Felsgruppe, worin auch hier die Alte Mutter ruht. Auch hier küssten die jungen Hirten die Alte in einem Initiationsritual, damit diese ihnen fürderhin Schutz und Segen gewährte. Der Brauch wird vor Ort immer noch gepflegt. Heute ist es der Vater oder die Familie, die mit den Jungen oder den Kindern zum Fels der Alten Mutter wandern, damit diese die schützende Ahnfrau küssen. Sie soll den Kindern ihr Leben lang schützend zur Seite stehen.

DIE HIRTIN MADRISA

Im Bündner Prättigau in der Nähe von Klosters befindet sich beim Saaser Calanda die Bergspitze Madrisa. Dieser Name bezeichnet nicht nur eine Berggegend, sondern ist auch der mythische Name einer sagenhaften Hirtin und Alpfee. Die Leute im Tal erinnern sich sehr gut an ihre Geschichte. Madrisa lebte auf der Saaser Alp mit einem jungen Sennen zusammen. Woher sie kam und wer sie genau war, erzählte sie niemandem, und auch die, die heute ihre Geschichte erzählen, kennen ihr Geheimnis nicht.

Wahrscheinlich haben historische Veränderungen, darunter die Hexenverfolgung, die auch in diesem Tal fanatische Anhänger fand, die alteingesessene rätische Tradition zersetzt und größtenteils abbrechen lassen. Dennoch erzählen die Menschen noch heute von der schönen, jungen Madrisa mit ihren wallenden blonden Haaren, welche die Fee beim Schlafen umfingen wie ein Schleier. Sie kam eines Tages aus der Bergwelt zur Alphütte des Burschen herabgestiegen, der sich bei ihrem Anblick sogleich in sie verliebte. Sie teilten Bett und Hütte. Von der seltsamen Sennerin lernte der Hirte eine

Menge zauberhafter Dinge. Sie kannte sich nämlich mit der Natur aus, besonders mit den Pflanzen und den Tieren. Diesen gab sie kräftige Wurzeln und Kräuter, sodass die Kühe reichlich Milch gaben. Überhaupt herrschte Überfluss auf der Alp: an Milch, Butter und Käse, ebenso wie an der Gesundheit der Tiere, die von Madrisa bestens gepflegt wurden. So verbrachten die Sennerin und der Hirte eine wonnevolle Zeit bis in den Winter hinein. Eines Tages kam nun der Vater des Jungen von Saas herauf zur Alp, um nach dem Rechten zu sehen. Er war sehr erstaunt über die reichen Vorräte und die gepflegten Tiere und fragte den Hirten nach der Ursache. Sein Sohn deutete sogleich auf Madrisa und schwärmte von ihren Fähigkeiten. Diese hatte schlafend in der Kammer gelegen und erwachte von der unbekannten Stimme. Sie trat ins Zimmer und sagte zum Vater: »Hättet ihr mich in Frieden gelassen, es wäre besser gewesen für euch und eure Herde.« Und mit diesen Worten schritt sie aus dem Haus und entfloh in die Bergwelt des heute nach ihr benannten Gipfels. Diese Sage berichtet im Kern von einer ehemaligen Kultur der Sennerinnen sowie von einer kenntnisreichen Alpfrau, von welcher der Hirte die große Kunst der Sennwirtschaft erlernte und von der er auch zum Mann initiiert wird. Reichtum und Glück sind die Folge, bis der Vater, der hier als »Patriarch« auftritt, die paradiesischen Zustände (zer)stört.

Madrisa selbst gehört in der Schweizer Sagenwelt zu den Fenggen. Dies sind weibliche oder männliche Wesen, die in der Natur leben, besonders in Wäldern. Werden diese abgeholzt, so sterben auch die Fenggen aus. Sie leben alleine oder in Gruppen, vielfach in Felsklüften und Erdhügeln, den sogenannten Fenggenlöchern. Außerdem kennen sie die geheimen Kräfte der Pflanzen. Oft helfen sie den Menschen auf dem Hof, wo ihre Kenntnisse und Arbeit gerne gesehen werden. Durch das Geläute der Kirchenglocken werden sie vertrieben, was ihre außerchristliche Herkunft unterstreicht.

DIE MYTHISCHE MARGARETHA

Eine andere durch Legenden und Lieder tradierte Hirtin heißt Margaretha, die in Graubünden gleich zwei Mal vorkommt. Zum einen wird sie als eine legendenhafte, nicht nur christliche Heilige in der Georgskapelle von Obersaxen im Vorderrheintal verehrt, und zum anderen tritt Margaretha in der Sagenwelt, genauer gesagt in einem Lied (»Canzun de sontga

Margriata«) aus dem siebten oder achten Jahrhundert auf. Eine alte Frau aus dem Tal berichtet denn auch, dass es eigentlich zwei Margarethen gibt: eine Heilige und eine nichtchristliche Frau des Liedes, die viel Gutes getan habe.

Die Margaretha aus der Legende soll eine Schutzheilige aus Kleinasien sein. Sie trägt auf dem Altarbild in der Georgskapelle ihre gehörnte Drachenschlange so sanft auf Händen, dass sie eher an eine mythische Göttin mit der Lebensschlange erinnert als an eine Heilige.

Die mythische Margaretha hingegen war eine Ahnfrau der Rheintaler Berggegend, im Lied wird sie jedoch als Hilfs-Sennerin beschrieben. Darin musste sie sich sogar in Männerkleidern verbergen, um als Hirte zu gelten. Dennoch deuten verschiedene Motive im alten Margarethalied darauf hin, dass es sich um eine lebensschöpfende und universelle Göttin der Vegetation handelte, die sich nun aber verleugnen muss.

Eine ihrer im Lied beschriebenen Handlungen ist zum Beispiel, dass sie auf einem Stein »ausrutscht«. Sie übt damit den bereits geschilderten alten Brauch aus, wonach Frauen einen Rutschstein aufsuchen und diesen Ahninnenstein mit ihrem Körper berühren. Indem sie mit nacktem Gesäß auf diesem

herunterrutschten, sollten sie eine Kinderseele empfangen. Dieses heimliche Ritual entdeckt ein kleiner Sennenbub, der die Margaretha beim »Obersenn« anzeigen möchte. Dies hätte sie im Zeitalter des Patriarchats und der Hexenverfolgung gleich in zweifacher Hinsicht in Todesgefahr gebracht. Denn einerseits trug sie Männerkleidung, was verboten war, und andererseits praktiziert sie »heidnische« Rituale, welche sie zu einem Opfer der Inquisition gemacht hätte. So versucht die Sennerin Margaretha, den Sennenbub zu gewinnen, indem sie ihm wunderbare Dinge für sein Schweigen verspricht. Entsprechend erscheint sie im zweiten Teil des Liedes als mächtige, universelle Reichtumsspenderin. Sie verspricht, dem Jungen Kleidung, schönes Vieh, saftige Wiesen und eine ergiebige Mühle zu schenken. Sie kann ihn dennoch nicht umstimmen, und er beharrt darauf, sie zu verraten. Daraufhin verlässt sie notgedrungen ihre Heimat im Vorderrheintal und entschwindet über den Kunkelspass beim Calandaberg. Dabei nimmt sie auch die Fruchtbarkeit ihrer Landschaft mit, denn als sie vertrieben wird, werden die Tiere unfruchtbar, versiegen die Quellen und vertrocknen die Felder. Wohin sie gegangen ist, weiß niemand.

Welche mythische Ahnfrau hinter der sagenhaften Margaretha steckt, ist schwer zu sagen. Sie erinnert jedoch an eine Landschaftsgöttin, die mit der Natur – den Feldern, den Quellen, den Pflanzen und den Tieren – gänzlich verbunden und in einem animistischen Sinne identisch mit der Landschaft ist. Wird sie aus dem Land getrieben, herrschen Trockenheit und Unfruchtbarkeit. Vielleicht entstammt sie wie die Fenggin Madrisa, mit der sie die Fruchtbarkeit spendenden Züge teilt, aus der alträtischen Mythologie. Bedenken wir, dass die Muttergöttin Kybele-Berecynthia wie erwähnt noch im 4. Jahrhundert in Gallien verehrt wurde, so wäre es möglich, auch die Göttin Reitia in einem abgelegenen Bergtal wiederzufinden. Vielleicht weist auch ihr Name – Marga-Retha – auf den ähnlich klingenden Namen Reitia hin.

Das Beispiel zeigt auch, wie die Kirche die mythischen Ahnfrauen entzweite und in ein Gut-Böse-Schema presste, um deren ganzheitliche Bedeutung aufzuspalten. Entsprechend wurde eine perchtengleiche, vielgesichtige Luzia in eine heilige Lucia und in eine schwarze Luzia getrennt. Ebenso wurde die mythische Verena in eine heilige Verena und in eine verführerische Verena vereinzelt. Und auch bei der Margaretha gibt es, wie wir gesehen haben, eine legendenhafte und eine sagenhafte Variante.

Rituale und Naturgaben

Der Kampf zwischen der einen »wahren Religion« und der von Vielfalt geprägten Spiritualität animistischer Glaubensvorstellungen dauerte Jahrhunderte. Und bis heute ist in manchen Orten nicht klar, wer eigentlich wen missioniert hat, denn in vielen volksreligiösen Bräuchen tauchen in Teilen Rituale der alten Naturverehrung auf. So gibt es bei zahlreichen Kapellen eine heilige Quelle, einen heiligen Baum oder Stein, den die Gläubigen berühren und von dem sie sich Heilung versprechen. Zudem weisen oft Bäume, mit denen eine »Marienerscheinung« verbunden ist, auf eine ehemalige Baum- und Landschaftsgöttin hin. Gerade an abgelegenen Orten wie den Alpen konnte sich die alte Ahnenverehrung länger halten.

BAUMVEREHRUNG UND BAUMKULT

So wurde in Südtirol in den Sarntaler Alpen im kleinen Bergdorf Durnholz noch bis in das 20. Jahrhundert ein Kultbaum ersten Ranges verehrt: die schon erwähnte Drei-Saligen-Förch, die dreistämmige Föhre der weißen Frauen. Dabei repräsentierte der junge Stamm den Mädchenaspekt der Saligen, der dicke mittlere Stamm die starke Frau der Lebensmitte und der morsche Stamm den Aspekt der Greisin. Diese Lebensalter entsprechen einer matriarchalen Mythologie der drei Schicksalsfrauen, die gleichzeitig den ewigen Kreislauf der Natur symbolisieren: wachsen, reifen und vergehen sowie die ewige Wiederkehr. Sinnbildlich betrachtet verdeutlichen diese drei Saligen auch die Jahreszeiten: Frühlingsmädchen, Sommerfrau sowie Herbst- und Winteralte. Den Namen der Baumgöttin kennen wir leider nicht. Aber vielleicht verbergen sich dahinter die keltischen Bethen, die als seltsame Schwestern in der Tiroler Volkstradition überliefert und ebenfalls in einer Dreiheit abgebildet werden, zu der wir später noch kommen werden.

Auch in Vals, östlich des Brenners, kannte man im 17. Jahrhundert den Brauch der Baumverehrung. Eine Schrift der bischöflichen Obrigkeit erwähnt im Jahr 1658 eine Prozession der Einheimischen zu einem heiligen Baum. Dieser Umzug erfolgte alljährlich, bis er dann von kirchlicher Seite offiziell verboten wurde.

An anderer Stelle findet sich im 19. Jahrhundert ein weiterer Hinweis, der von einem eine halbe Stunde südlich von Nauders am Reschenpass verehrten heiligen Baum berichtet. Die alte Lärche war um 1855 schon so von Wind, Wetter und Alter mitgenommen, dass sie leider gefällt werden musste. Heute führt ein schöner Wanderweg zu diesem ehemaligen Hain auf 1620 Metern Höhe mit dem bezeichnenden Flurnamen »Heiligbaumboden«. Die Aussicht von der Anhöhe ist beeindruckend, und so manche jüngere Lärche erinnert an den alten Baum.

Der Kult um die alte Lärche könnte genauso in einem keltischen Naturheiligtum stattgefunden haben, das in der Brauchtumsforschung als »Nemeton« bekannt ist. Der Sagenforscher Ignaz Zingerle hat nun vor mehr als 100 Jahren Folgendes von den Einheimischen erfahren: Vom heiligen Baum werden die kleinen Kinder geholt. Die neugeborenen Wesen manifestieren sich in den Tannenzapfen. Aus Ehrfurcht vor dem Ort sollte man aus der Nähe des Baumes kein Brenn- und Bauholz nehmen. Ebenso ist es tabu, dort zu streiten, zu lärmen und zu schreien, denn das würde die Stätte entweihen. Und nicht zuletzt glaubte man, dass der wesenhafte Baum blute, wenn man die Axt erheben würde. Sollte dies dennoch einmal geschehen, so ginge der Hieb sowohl in den Baum als auch in den Leib des Frevlers. Der Schlag würde dann in beide eindringen, und Baum- sowie Körperwunde würden gleich stark bluten. Zudem heilt die menschliche Wunde nicht eher als die Baumwunde vernarbt.

Offenbar hat sich in Nauders über die Jahrhunderte hinweg die alte animistische Anschauung erhalten, wonach Naturerscheinungen wie ein Baum ein lebendiges Wesen sind.

Wie vielfältig die Baumbräuche in den Alpen waren, zeigen uns auch die verschiedenen magischen Handlungen an Mittwinter. In Tirol wird immer noch während der Rauhnächte das Räuchern des Hofes gepflegt. Dabei weiht der Bauer oder die Bäuerin das Haus, den Stall, die Tiere und die Menschen mit dem segensreichen Rauch aus einem kleinen Gefäß, in dem Rauchwerk verbrannt wird. Dies war vor allem in der ersten Rauhnacht, am 24. Dezember, üblich.

Nachdem alles seinen Segen bekam, vergaß man auch die Bäume nicht. Dazu ging der Bauer auf die Wiese zum Baumsegnen – so wie es schon die Altvordern getan hatten. Er klopfte dabei mit dem gekrümmten Finger an die Bäume und sprach: »Baum, wach auf und trag, morgen ist der heilige Tag.«

Solche Rituale, in denen der Baum als lebende Person angesprochen wird, sind auch aus Kärnten bekannt. Im Glantal schüttelte man in der ersten Rauhnacht um Mitternacht alle Obstbäume, damit sie im kommenden Jahr viele Früchte tragen. Ebenfalls an diesem Rauhnachtstag war es im oberen Lavanttal der Brauch, sich mittags recht vollzuessen. Dann eilten die Erwachsenen und Kinder in den Obstgarten, küssten und umarmten jeden einzelnen Baum und sprachen: »Bamle, ni, ni, schau, dass du a so voll west als will i.« (Bäumchen, ni, ni, schau, dass du auch so voll wirst wie ich.) Dieses geheimnisvoll wirkende Baumküssen sowie das (erotische) Umarmen sollten einen reichen Obstsegen sichern.

RUTSCHSTEINE UND STEINKULT

In Lengstein am Ritten in Südtirol gegenüber dem sagenumwobenen Schlern-Berg liegt ein paar Schritte oberhalb des Dorfes inmitten eines Wäldchens die Flur »Hexenboden«, von der unweit entfernt ein Rutschstein liegt. Der graue und von Natur aus geneigte Felsblock weist eine lang gezogene Rutschrinne auf, die so deutlich erkennbar ist, dass der mythische Empfängnisbrauch dort immer noch ausgeübt wird. Denn auch hier pflegen die Frauen das archaische Ritual, um so ein Kind zu empfangen.

Dahinter steckt eine animistische Wiedergeburtsmythologie, wonach eine verstorbene Person an einem Naturort wie einer Quelle, einem Baum oder einem Stein als Ahnenseele weiterlebt. Man glaubt, dass sich die geisterhafte Person durch die Kraft der Naturgöttin bald verjüngt und so zu einem kleinen Kind wird. Durch ein geheimnisvolles Ritual, das von den Frauen der eigenen Sippe ausgeübt wird, kann nun die ver-

jüngte Ahnenseele spirituell empfangen und somit in die Gemeinschaft der Lebenden wiedergeboren werden. Dadurch schließt sich der Kreis des Lebens und kann von Neuem beginnen.

Durch die überlieferten Sagen wissen wir hier sogar, welche mythische Ahnfrau in diesem Stein verehrt wird. Oberhalb von Lengstein mitten im Wald wohnte nämlich einst die geheimnisvolle Willeweis. Sie ist eine mächtige, uralte Frau, die magisches Wissen und die Weisheit der Welt besitzt. Zu dieser weisen Alten kamen die Bauern, um von ihr Ratschläge zu bekommen und Weisheiten zu erfahren. Es ist naheliegend, dass die Frauen ebenso zur Willeweis gingen, um von ihr die alten Traditionen und Rituale zu lernen. Dabei gab es auch ausgelassene Feste der Initiation und des Jahresbrauchs, die später als »Hexentreiben« verunglimpft wurden und heute nicht mehr stattfinden.

Trotzdem ist die Willeweis im Gedächtnis der Menschen immer noch lebendig geblieben. Im Vinschgau gibt es, wenn sich eine Weissagung erfüllt, die gängige Redensart: »Das sagte schon die Willeweis.« Und wenn sich die Leute auf althergebrachte Weisheiten aus dem Zauberbuch der Alten beziehen, wissen alle sofort, was gemeint ist, wenn man sagt: »Das steht schon in der Willeweis.« Bekannt ist die freundliche Greisin nicht nur im Vinschgau und in Lengstein, sondern auch in Welschnofen. Dort hält sie sich wie am Ritten nördlich von Bozen auch gerne unter alten Tannen oder mächtigen Buchen auf.

GABEN AN DIE ELEMENTE

Auf ganz alten naturmythologischen Vorstellungen beruht das »Füttern der Elemente«. Dieser Brauch wird manchmal als »Elementeopfer« bezeichnet, was jedoch falsch ist, denn es handelt sich nicht um ein »Opfer«, sondern um eine Gabe an die personengleichen Naturwesen, welche die Menschen durch das Jahr hindurch begleiten. Der Brauch der Elementegabe ist stark zurückgegangen, doch je nach Gegend und Hof finden wir das schöne Hausritual manchmal noch. Vor allem um die Wintersonnenwende, wo die Kräfte der Elemente wieder erwachen und sich das Wachstum regt. So wird im Kärntner Lavanttal am Tag nach der ersten Rauhnacht ein Teller mit Speisen vom Mittagsmahl angerichtet. Dieser wird auf eine Zauntürsäule vor das Haus gestellt, um den Wind zu füttern, damit er im kommenden Jahr keinen Schaden anrichtet. Im Gurktal werden dem Wind sogar Speisen und Getränke (meist Milch) auf einen Baum gestellt. Im Glantal hingegen legt die Bäuerin Brot auf die Äste der Bäume, damit sich der Wind daran satt essen kann und im Frühjahr nicht die junge Saat »frisst«. Dieser Brauch wird dreimal ausgeführt, nämlich in der ersten Rauhnacht (24. Dezember), in der zweiten Rauhnacht (31. Dezember) und in der dritten Rauhnacht (5. Januar). Die letzte Nacht wird auch Perchtnacht genannt, und entsprechend ist der 6. Januar der Perchtentag. Es kann vermutet werden, dass das Brot nicht nur eine Gabe an den Wind ist, sondern ebenso ein Labsal für die dreigestaltige Frau Percht.

Rituale und Naturgaben

Ferner gibt es den Kärntner Brauch, drei Nussschalen mit Speisen zu füllen. Eine wird dann in fließendes Wasser (Bach, Fluss) geworfen, die andere ins Herdfeuer und die dritte für den Wind auf einen Baumast gelegt. Ganz ähnliche Bräuche finden wir in Tirol. Dort wird (oder wurde) nicht nur in der ersten Rauhnacht (Weihnachtsabend) eine Gabe entrichtet, sondern auch am sommerlichen Sonnwend- oder Johannisabend.

Auch in Mariatal bei Brixlegg wirft die Hausmutter am Mittsommerabend etwas vom Nachtessen in den Bach, einen Teil davon ins Feuer, vergräbt etwas in die Erde und streut Mehl in die Luft, sodass es der Wind forttträgt. Deutlich treten hier Wasser, Feuer, Erde und Luft hervor, die im Brauch des Elementefütterns ihren Ausdruck finden.

Die Brauchtumsforschung hat zu diesem Thema in Österreich ergeben, dass die Elemente meist als Personen aufgefasst wurden und Namen erhielten. Unter diesen Wesen sind für den Wind oft die weiblichen Namen »Windin« oder »Sturmin« bekannt, besonders häufig kommt die »Windsbraut« vor. Diese wird manchmal als »hexenhaftes« Gegenstück zur heiligen Notburga gesehen. Die Windsbraut selbst gilt heute als eine unansehnliche Alte, die zum Kinderschreck herabgesunken ist. Andererseits wird sie von den Leuten in ihrer perchtenhaften Doppelgesichtigkeit beschrieben, nämlich als »Braut«, die bald eine schöne, bald eine hässliche Frau ist.

Im stürmischen Wind befinden sich außerdem die verstorbenen Ahnen, die in der christlichen Umdeutung als »Arme Seelen« wiederkehren. Ebenso hat die Windsbraut manchmal

einen männlichen Begleiter an ihrer Seite, oder der Wind wird alleine als »alter nackter Mann« mit langem Haar und langen Fingernägeln aufgefasst.

Betrachtet man nun diese Elemente- und Volksmythologie genauer, so kommen darin vorchristliche Spuren zum Vorschein. Darauf weist auch der Zeitpunkt der Ausübung dieses Brauches hin, denn die Gaben an die Elemente geschehen hauptsächlich zur Mittwinterzeit – in den Tagen der Rauhnächte und in den Zwölften. Die auftretenden Personen (oder Personifikationen des Elementes) sind dabei eine doppelgestaltige Alte, die entsprechend als schöne oder hässliche, junge

Rituale und Naturgaben

oder alte »Braut« erscheint. Außerdem gesellt sich zu ihr der Totenzug der Ahnengeister und der unansehnliche Alte, der mit seinem langen Haar an die zotteligen Perchtengestalten erinnert. Schon den Forschern der Volkstradition ist Anfang des 20. Jahrhunderts aufgefallen, dass im Brauchtum der Elementegabe keine christlichen Einflüsse enthalten sind. Kein Nikolaus und keine Heiligen Drei Könige verdrängen hier die alte Percht der Rauhnächte. Und auch der Alte der »Windsbraut« ist noch nicht zum Begleiter des Nikolaus geworden.

Rituale und Orte im Jahreskreis

Im ersten Teil dieses Buches habe ich die Bedeutung der alten Ritualbräuche und ihre naturmythologische Vielfalt beschrieben. Es war mir wichtig, ein historisches Bewusstsein für die Hintergründe zu schaffen, denn viele Bräuche, die heute im kleinen Kreis oder bei Straßenumzügen gepflegt werden, weisen unterschiedliche Einflüsse auf. Traditionen können sich wandeln und neue Formen annehmen. Dennoch haben die meisten einen Sinn stiftenden Kern, der entweder umgedeutet wurde oder auf einer alten Überlieferung beruht.

Diese unterschiedlichen Einflüsse treten mal mehr, mal weniger deutlich ausgeprägt hervor. So finden wir im Alpenraum Spuren der Frühzeit wie die Erinnerung an die saligen Frauen und die Fenggen der Bergwelt. Oder den vorrömischen Kult der Noreia sowie der Reitia, der durch archäologische Funde aus der Eisenzeit greifbar wird. Die Römer bauten wiederum Tempel und führten den Kybele- und Isiskult ein. Am Ende des Römischen Reiches brachten die Germanen einen der Frau Holle ähnlichen Kult mit in die Ostalpen, der in der einheimischen Tradition des Perchtenbrauches aufging. Und seit den Anfängen des Christentums hören wir von außerchristlichen Bräuchen, die von der Kirche vereinnahmt wurden oder die eine Heiligenfigur zur Seite gestellt bekamen. So stellte man der perchtengleichen Lutzl etwa im 7. Jahrhundert die heilige Lucia zur Seite. Nochmals Konkurrenz erhält die Frau Percht ab dem 10. Jahrhundert mit der Einführung des Nikolaus-Brauchtums, sodass sie dann nur noch als Nikolausfrau erscheint. Die Heiligen Drei Könige ersetzen ab dem

12. Jahrhundert allmählich die dreigestaltige Percht und werden am alten Perchtentag (6. Januar) besonders verehrt, während die Sternsinger erst im 16. Jahrhundert aufkommen.

In dieser langen Geschichte der Veränderungen finden wir zahlreiche Spuren einer verborgenen Gegenwelt, in der archaische Rituale aufscheinen. Zu diesen sehr alten Bräuchen zählen zum Beispiel die Rutschsteine, die in einem Frauenritual der spirituellen Empfängnis dienen. Ebenso der Initiationskuss für die Alte Mutter, die in einem Stein versinnbildlicht wird, oder das Umarmen und Küssen der Bäume, damit der Obstgarten reichlich Früchte hervorbringt.

Aber auch die unzähligen Felszeichen, die im gesamten Alpenbogen bekannt sind, sowie die Gabe an die Elemente, an Erde, Feuer, Wasser und Wind. Das Scheibenschlagen im Vorfrühling ist ebenso urtümlich wie die Rauhnächte der Frau Percht oder die Darstellung des Korngeistes als Strohpuppe. Nicht zu vergessen den Baumklotz der ersten Rauhnacht und das damit verbundene Feuerritual im Kamin des Hauses.

In ihrem Wesen sind jahreszeitliche Naturbräuche Übergangsriten von einem Stadium der Natur zum anderen. Also der Übergang vom Winter zum Frühling und Sommer über den Herbst zum Winter. Oder die Sonnenwenden mit dem tiefsten beziehungsweise höchsten Jahresstand der Sonne, der mit Übergangsriten begleitet wird. In diesem Sinn sind Jahresbräuche grundsätzlich Mysterienfeste, in denen sich die Gemeinschaft mit der geheimnisvollen Kraft der Natur und ihrer Sakralsphäre verbindet. Die Gemeinschaft, die sich als Teil der ewigen Kreisläufe sieht, dramatisiert auf mythische Weise die Zyklen der Naturvorgänge. Nachvollzogen wird das Wachstum im Frühjahr, das Reifen im Sommer, das Sterben im Herbst und die Erneuerung im Winter oder Neujahr. Die Naturvorgänge werden dabei rituell nachgebildet, die Kräfte der Vegetation aber auch unterstützt. Dies wird durch die Befolgung eines einfachen Prinzips herbeigeführt, in dem Gleiches das Gleiche bewirkt, das Einzelne das Ganze beeinflusst und ein Teil das Umfassende darstellt. Es handelt sich um ein naturmagisches Prinzip, das mit Zauberei nichts zu tun hat und bei vielen Ritualen angewendet wird. So wird zum Beispiel Wasser auf die trockene Erde gegossen, damit es bald vom Himmel regnet.

In einer Sippengesellschaft bilden die Lebenden und die Toten der Anderswelt eine untrennbare Gemeinschaft. Die Seelen der Verstorbenen sind in der Natur, im Haus oder auf dem Hof anwesend. Oft werden dabei der Kamin und der Getreidespeicher als Aufenthaltsorte genannt. Durch die Rituale besteht zwischen den Welten der Lebenden und der Toten eine unmittelbare Wechselbeziehung. Denn es sind die Ahnenwesen, die das Schicksal der Hausgemeinschaft bestimmen und Segen bringen. Gleichzeitig verbinden sich die Menschen nicht nur mit der mythischen Welt der Ahnen, sondern über sie auch mit der Sakralsphäre der göttlichen Lebenskräfte. Als sich wandelnde, aber stets wiederkehrende Naturgestalten werden diese ebenfalls personifiziert und zu vielgesichtigen Ur-Ahnen mythologisiert. Diese »Vermensch-

lichung« der Vegetation und der jahreszeitlichen Naturvorgänge ist naheliegend, denn eine Sippengesellschaft denkt primär in verwandtschaftlichen Beziehungen. Daher versinnbildlicht die Kornmutter oder der Strohmann das Wesen des Ährenfeldes. Die Schicksalsfrau des Mittwinters erscheint als »die Alte« und ihr männlicher Begleiter als »der Alte«. Im Frühling wandelt sie sich zur »Maibraut« und er zum »grünen Mann«, »Maibär« oder »Maikönig«. Im Sommer sehen wir sie als wunderschöne Frau im Ährenkleid, mit Früchten geschmückt zusammen mit ihrem jahreszeitlichen Begleiter, dem Maikönig, mit dem sie die wonnevolle Zeit feiert. Im

Herbst wirkt sie als die Schnitterin, die sich wie die Kräfte der Natur bald in die Unterwelt zurückzieht. Auch dem grünen Mann bringt sie den Tod. Er wird zum »Dürren« oder zum »Gehörnten«, einem in Felle gekleideten Tierwesen der Anderswelt. Doch diese Jenseitswelt ist kein Ort der Tränen – sie ist eine Stätte der fröhlichen Feste und Regeneration. Denn schon bald kehren beide nach der geheimnisvollen Wende der Mittwinterzeit verjüngt im Frühjahr wieder. Dabei regeneriert sich die göttliche Ahnfrau aus sich selbst heraus, während der sterbende Vegetationsmann durch ihre Lebenskraft wiedergeboren wird.

Wir werden diesen mythischen Gestalten in den Bräuchen des Jahreskreises verschiedentlich begegnen: sei es in der Gestalt der letzten Garbe oder der Percht als »der Alten« im Salzburgischen, sei es in der »Geliebten« beim Scheibenschlagen oder dem Maibär im grünen Kleid der Vegetation. Und warum haben die Menschen einst diese einzigartige Jahresmythologie geschaffen? Die Vorbilder dazu waren die kosmischen Vorgänge sowie die zyklischen Gesetzmäßigkeiten der Natur, in denen primär weibliche Schöpfungskräfte gesehen wurden. Ohne Erneuerung und das Geschenk des Lebens gäbe es

keine Existenz. Diese unabdingbare Lebensgrundlage wurde von der Gemeinschaft nicht in Frage gestellt, denn sie konnte nur von Mutter Erde bewirkt werden. Zudem verändern sich Landschaften, Tiere und Bäume wie Menschen immerwährend. Sie sind jung, stehen in voller Lebenskraft und werden schließlich alt. Was war daher naheliegender, in ihnen Personen zu sehen und eine gegenseitige Beziehung aufzubauen? Der Gleichklang von Mensch und Natur ist offensichtlich. Andererseits ist ein jahreszeitlicher Übergang auch eine Zeit der Unsicherheit. Die Ritualisierung der Übergänge gab der Gemeinschaft der Menschen die Gewissheit, dass sie am kosmischen Geschehen Anteil hat. Die Rhythmen der Natur, in deren Kreislauf die Menschen und Ahnen integriert waren, boten eine sichere Orientierung im Leben der Generationen.

Allerseelen und Anderswelt

Wenn heute am 1. November Allerheiligen gefeiert wird und die Gemeinschaft am 2. November der Verstorbenen gedenkt, dienen diese Festtage eindeutig der Ahnenpflege. Es ist eine seelenvolle Zeit, in der sich die Lebenden und die Toten in den alten Bräuchen begegnen. Der Sommer ist längst vorbei, und der Herbst geht in den Winter über. Die Tage werden beständig kürzer, lange Schatten liegen über der Landschaft, und die Dunkelheit gewinnt allmählich die Oberhand über das Licht. Unsere Zeit – Ende Oktober bis Anfang November – liegt zwischen dem Erntedankfest und dem Beginn des Bauernwinters am 11. November. Stehen im mythischen Jahreslauf der Frühling und der Sommer im Zeichen der lichten Oberwelt, so gewinnen im Herbst- und Winterbrauchtum zunehmend die Gestalten der dunklen Unterwelt an Bedeutung. Nicht die Maibraut, die Sommerfrau und der grüne Mann werden gefeiert, sondern es zeigen sich nun die Herbstalte und die Ahnengeister der Anderswelt. Die Welt der Verstorbenen wurde vom Christentum allmählich zum Fegefeuer umgedeutet, in dem die »Armen Seelen« ihre zu Lebzeiten begangenen Sünden »abbüßen« müssen. Die »Armen Seelen« erinnern uns jedoch an die Ahnengeister der Sippengemeinschaft.

Schon in vorchristlicher Zeit glaubte man, dass die Grabhügel in dieser Zeit offen stehen, und so besuchten die Lebenden die Toten an deren Gräbern. Oder die Verstorbenen kehrten von der Anderswelt eine Nacht nach Hause zurück, wo die Verwandten sie daheim auf dem Hof mit Speisen bewirteten und ihnen eine warme Stube bereiteten. Im Jura, so weiß man, wurde dann das Herdfeuer entfacht, der Tisch mit Speisen gedeckt und extra Stühle für die Toten bereitgestellt. In Tirol fanden die Verstorbenen in der Allerseelennacht in der Küche des Hofes einen Eimer voll Wasser vor, damit sie ihren Durst löschen konnten. Oder die Ahnengeister durften in dieser Nacht unter dem Boden der Stube verweilen.

Sehr innig war die Beziehung der Lebenden und der Toten auch in Osteuropa. Dort empfing man sie am Allerseelentag in den Badestuben, die für diesen Anlass besonders hergerichtet und in der mancherlei Speisen bereitgestellt wurden. Nachdem sich die Ahnen gestärkt hatten, badeten hier die Seelen eine nach der anderen bis zum Morgengrauen.

Allerseelen und Anderswelt

Heute ist es im Alpenraum üblich, dass die Familien am 2. November die Verstorbenen am Grab besuchen und Lichter für sie anzünden. Früher nahm man noch Brot, Wein und Käse mit, feierte mit den Toten und gab ihnen zu essen. Dieser Brauch für die Ahnenseelen verschob sich später mancherorts zu einer Speisung der »armen Seelen«, der Armen. Entsprechend verschenkt man in Tirol an diesem Tag noch heute Brot an die Bedürftigen oder bewirtet sie mit einer Bohnensuppe.

Auf manchen Höfen stellt man Kerzenlichter in die Fenster, damit die Seelen den Weg nach Hause finden. Im Paznauntal in Nordtirol backt die Bäuerin für die unsichtbare Gesellschaft der Ahnengeister duftende Krapfen und stellt ihnen einen Krug Milch dazu. Oder die Hausgemeinschaft lässt vom Abendessen etwas übrig, um es den Seelengeistern in der warmen Stube zu überlassen. Ein anderer vor allem in Bayern und Österreich verbreiteter Brauch ist das Verschenken des Heiligenstriezels, der entweder selbst gebacken oder beim Bäcker gekauft und dann verschenkt wird. Hier gibt es unterschiedliche Ausprägungen von der Liebesgabe bis hin zum Fruchtbarkeitsritual.

HEILIGENSTRIEZEL, ALLERSEELENZOPF, SEELENSPITZE, SEELENBROT ...

Der Heiligenstriezel ist ein Gebildebrot in Form eines Zopfes, der in früheren Zeiten als Opfergabe dargebracht wurde. Seine Form erinnert daran, dass sich die trauernden Angehörigen früher vielerorts als äußeres Zeichen ihres erlittenen Verlustes die Zöpfe abschnitten.
Heute wird der Heiligenstriezel am Vorabend von Allerheiligen von den Paten an die Patenkinder weitergegeben.
Im Burgenland spielt der Heiligenstriezel (Hefezopf) hingegen im Liebesbrauch eine wichtige Rolle. Die jungen Leute kaufen diesen »Verehrerstriezel« am Vorabend von Allerheiligen und schenken ihn am Festtag ihren Geliebten. In der Steiermark lassen die Mädchen ihren Heiligenstriezel von einem Jungen anschneiden und kosten, der ihr Liebster werden soll. Schneidet sich der Auserwählte ein breites Stück herunter, so erwidert er ihre Liebe.
Im oberen Weinviertel werden die noch teigigen, das heißt ungebackenen Allerheiligenstriezel auf Strohbänder gelegt. Diese Bänder dienen im Winter zum Schutz der Obstbäume. Zudem sollen die Bäume dadurch im nächsten Jahr besonders viele Früchte tragen.

Allerseelen und Anderswelt

SAMHAIN

In der keltischen Tradition wurde zu Beginn des Novembers das hohe Fest *Samhain* gefeiert, was übersetzt »Vereinigung, Zusammenkunft« heißt. Möglicherweise war damit auch die Zusammenkunft der Lebenden mit den Verstorbenen gemeint. Das Fest steht zu Beginn des keltischen Jahres. In Wales nennt man diese Zeit »Nacht des Winteranfangs«. Sie war eine der drei Geisternächte. Es ist bedeutsam, dass an Samhain die Menschen in Irland einen Zugang zu den Wesen der Anderswelt haben, besonders zu den Bewohnern der »Elfenhügel«, welche Sid genannt werden. Solche mythischen Hügel gelten vor allem als Wohnsitze der alten Bevölkerung Tuatha De Danann, was »Volk der Göttin Dana« meint. Am Tag von Samhain – und eben auch an Allerseelen – standen die Elfenhügel offen, und man begegnete den Wesen der Jenseitswelt, der Vorzeit und den Verstorbenen. Dann war es auch möglich, den wundervollen Gesang der drei Schicksalsgöttinnen zu hören. Die Anderswelt war ein Reich der Freude, des Gesanges und des Überflusses, aus dem die Toten verjüngt wiederkehrten. Entsprechend wurde sie auch Land der ewigen Jugend genannt. Mit Samhain war außerdem ein mythisches Zentrum verbunden. So wurde auf dem Hügel von Tlachtga beim irischen Athboy jeweils ein Feuer entzündet. Nachdem die Menschen zu Hause den Herd gelöscht hatten, nahmen sie darauf das Herdfeuer vom mythischen Hügel mit. Zudem soll Tlachtga eine göttliche Ahnfrau sein, die auch als Druidin gilt.

Die Verflechtungen von Allerheiligen, Allerseelen und dem keltischen Fest Samhain sind noch nicht abschließend geklärt. Als die Kirche im 7. Jahrhundert Allerheiligen einführte und damit ihren eigenen »Tag der Unterwelt« schuf, feierte man diesen am 13. Mai – in Irland bereits am 20. April. Später jedoch, im 9. Jahrhundert, wurde dieser Festtag auf den 1. November verschoben. Offenbar hatte man sowohl für die Änderung des Festtages als auch für die Wahl des Zeitpunktes bestimmte Gründe. Es ist naheliegend, dass es um diese Jahreszeit schon einen Brauch der Ahnen gegeben hat, an den die

Kirche anknüpfen wollte. Sehr wahrscheinlich war es das keltische Fest Samhain, eine mystische Zeit, in der die Tore der Anderswelt offen standen.

Halloween

Das wilde Treiben an Halloween in der Nacht vom 31. Oktober auf den 1. November setzt sich heute aus keltisch-irischen, christlichen und kommerziellen Anteilen zusammen. Die genaue Herkunft ist unklar, doch auch Halloween bezeichnet wie Samhain das Sommerende. Man feierte den Einzug des Viehs in die Ställe, ebenso glaubte man, dass auch die Ahnenseelen in ihr angestammtes Heim zurückkehrten. Während des Festes wurden auf Hügeln Feuer entfacht – sogenannte *bonfires* »Knochenfeuer«, deren Namen darauf verweisen, dass darin auch Tierknochen verbrannt wurden. Außerdem vermummten sich die Menschen und befragten Orakel nach der Zukunft. Nebst der keltischen Tradition gab es auch in der römischen Mythologie Tage, an denen sich die Unter- und Anderswelt öffnete. Einer dieser mythischen Tage war der 8. November. Somit wäre bei Halloween (und Samhain) auch mit einem römischen Einfluss zu rechnen.

Martinstag und Bauernwinter

Der Martinstag am 11. November markiert im Jahreslauf der bäuerlichen Welt das Ende der Feldarbeit und den Beginn des Bauernwinters. Dieser dauert von da an bis Lichtmess, das etwa zwölf Wochen später Anfang Februar begangen wird. Etwa in der Mitte dieses Zeitabschnittes findet noch die Wintersonnenwende statt. Der Martinstag galt über Jahrhunderte hinweg als Zins- und Zehntentag der Abgaben, an dem auf den Bauernhöfen auch Dienstverhältnisse gelöst und neu geschlossen wurden.

Der Tag selbst hat seinen Namen vom einstigen Reitersoldaten Martin, dem späteren Bischof von Tours, dessen Todestag für den 11. November 397 belegt ist. Die Legende sagt, dass Martin sich, als er für dieses Amt bestimmt wurde, in einem Gänsestall versteckt gehalten haben soll, da er sich selbst dieses Amtes nicht für würdig erachtete. Jedoch verrieten ihn die schnatternden Gänse, und so wurde er entdeckt, musste seinem Schicksal gehorchen und wurde zum Bischof geweiht. Deshalb soll die Gans zu seinem Symboltier geworden sein.

Die wohl weitaus bekanntere Geschichte, die von Martin erzählt wird, ist die des Reitersoldaten, der seinen Mantel mit einem frierenden Bettler teilt. Sie gehört heute zum Geschichtenschatz, der in den Kindergärten landauf landab erzählt wird und alljährlich mit einem Laternenumzug am St.-Martins-Tag gefeiert wird. Überblickt man nun die verschiedenen Volksbräuche des Jahrestages, so darf bezweifelt werden, ob die Bauern und Sennen in ihrem »Marti« wirklich den späteren Bischof sahen oder vielmehr eine urtümliche Wintergestalt.

GANSABHAUEN

In Sursee am Sempachersee nördlich von Luzern wird jeweils am 11. November der Brauch des »Gansabhauens« gepflegt. Schon früh am Morgen errichtet man auf dem Rathausplatz ein Podest mit zwei Stangen, zwischen denen ein Seil gespannt wird. Ab Mittag finden wir in den Gassen der Altstadt verschiedene Stände, die Gebäck und Getränke anbieten. So zum Beispiel das Martinibrot, die Martini-Gans-Torte oder

Martinstag und Bauernwinter

den Gans-Lebkuchen. Am späteren Nachmittag kommen immer mehr Leute auf dem Platz zusammen. Dann, wenn die ersten Trommelschläge als Zeichen ertönen, beginnt das Spektakel. Zunächst erscheint die Zunftgemeinschaft »Heini von Uri« mit einer weißen, leblosen Gans, die mit dem Kopf voran an das gespannte Seil gebunden wird. Im Rathaus haben sich junge Männer und Frauen eingefunden, die sich dort in einen roten Mantel kleiden. Zudem bekommen sie eine Kapuze, eine Sonnenmaske und ein Schwert. Mit Trommelklang werden die nun blinden Maskierten auf das Podest geführt, mehrfach um die eigene Achse gedreht und ihrer Aufgabe überlassen. Dann müssen die bewaffneten Anwärter die Gans finden und ihr mit nur einem Schlag den Hals durchtrennen. Meistens gelingt das nicht schon dem ersten Sonnenmaskenträger. Wer jedoch am Ende erfolgreich ist, bekommt die Gans, um daraus eine schmackhafte Martinsgans zu braten.

Bei diesem Brauch ist es nicht eindeutig, ob die weiße Gans von Sursee wirklich mit dem heiligen Martin und der Gänselegende in Verbindung steht. Wie schon erwähnt war der 11. November auch ein Abgabetag des Zehnten, der vielfach in Naturalien und manchmal auch in Gänsen bezahlt wurde. Zudem kennt man dieses Gansspiel in der europäischen Volkskunde auch unter dem Namen »Gansabreiten« in Rumänien (Siebenbürgen), in Ungarn, in Deutschland und in Holland. Bei diesen Volksfesten taucht zwar keine Sonnenmaske auf, aber Pferd und Reiter, der einer an ein Seil gebundenen Gans im schnellen Ritt den Hals durchtrennen muss.

Vergleichen wir die unterschiedlichen europäischen Ausformungen des Gänsebrauches, erscheint eine ältere Schicht des Jahresrituals, die auf Neujahr und das Frühjahr hinweist. Es könnte sich hierbei auch um ein Ritual handeln, bei dem man den Winter austreiben wollte, um dem ersehnten Frühling die Einkehr zu ermöglichen. Die weiße Gans gilt auch als uraltes Tiersymbol des Winters, dem hier der Garaus gemacht wird. Dieser Brauch könnte also womöglich in alter Zeit im Frühjahr begangen worden sein und die Gans als das Begleittier des heiligen Martin überformt worden sein, sodass diese zur Martinsgans am 11. November werden konnte.

PELZMARTI UND LEBENSRUTE

Und Martin selbst? Welche Gestalt steckt hinter dem Heiligen? Im Alpenraum kommt er gleich mehrmals vor, jedoch selten in seiner Eigenschaft als Bischof. In Grindelwald im Berner Oberland tritt er in einer Sage als Riese auf, der den Eiger und den Mettenberg auseinanderstemmte, damit der Gletscher und sein Wasser keine Überschwemmungen im Tal verursachen konnten. Im Glarnerland in Elm ist sein Name mit dem berühmten Sonnenloch verbunden, das als »Martinsloch« schon früh Beachtung fand. Diese natürliche Felsöffnung soll durch den Schafhirten Martin entstanden sein. Als dieser in der Gegend von Elm und Flims die Schafe hütete, bemerkte er eines Tages einen Dieb, der seine Schafe stehlen und auf die andere Talseite führen wollte. Voller Zorn warf er seinen Stock nach dem Räuber. Doch der Stab traf nicht den Viehdieb, sondern die Felswand, wo heute das Martinsloch zu erblicken ist.

Im Berner Oberland tritt in Kandersteg jeweils am Weihnachts- und Neujahrstag der »Pelzmarti« auf. Er und seine Gruppe ziehen als »Pelzmartiga« von Mittag bis in die späten Abendstunden durch das Dorf. Sie machen Lärm, treiben Schabernack und erschrecken die Bevölkerung. Urplötzlich tauchen sie auf, auch wenn sich ihr Kommen längst von Ferne wie ein tosender Almabtrieb ankündigt. Dieser wird von dem mit in Fellen gekleideten und einer Pelzhaube maskierten Pelzmarti angeführt, der einst gänzlich in ein Bärenfell gehüllt war. In

Deutschland hingegen geht an der Grenze von Ober- und Mittelfranken der »Pelzmärtel« um. Der heute im Nikolausbrauch auftretende »Märtel« war früher eine eigenständige Gestalt, die einst am 11. November umherzog. Auch er, so weiß man, war in Felle gehüllt und mit Sack und Rute ausgestattet.

Es gibt somit verschiedene Martinsgestalten, wie aus der Volkstradition ersichtlich ist: Er ist ein Mann mit riesenhaften Kräften, ein Schafhirt mit einem mächtigen Stab und ein in Fell gehülltes Wesen, das einer Mittwintergestalt gleicht. Wir begegnen also in den verschiedenen Martinsgestalten wohl einer urtümlichen Verkörperung des Winters, die nicht aus der

christlichen Tradition stammt und später mit dem heiligen Martin überformt wurde.

Auch der Stab, den er mit sich führt, ist ein Indiz dafür und geht auf eine viel ursprünglichere Form zurück, nämlich auf die »heidnische« Lebensrute. Diese erscheint im Martinisingen Österreichs, wo der Brauch vereinzelt noch gepflegt wird. Dabei geht ein Hirt mit zwei anderthalb Meter langen Linden- oder Birkenruten von Haus zu Haus und in den Stall, um dem Vieh mit der Gerte einen leichten Schlag zu versetzen, damit es gesund und fruchtbar bleibt. Nachdem jedes Tier mit der Lebensrute seinen fruchtbringenden Schlag erhalten hat, wird die Gerte im Stall angebracht, um vor Viehkrankheiten zu schützen. Es ist bezeichnend, dass die Kirche die alte Tradition des Martinisingens, das auch Martiniloben genannt wird, verbot und den Brauch als »heidnisch« verdammte. Die Prediger bezeichneten ihn als »teuflischen Segen«, was jedoch viele Bauern nicht kümmerte, sodass sie ihr Vieh weiterhin mit der Lebensrute segnen ließen.

KASMANDL

Im Salzburger Land finden wir einen sagenumwobenen Martinibrauch im Lungau sowie im angrenzenden Ennstal. Es handelt sich um den Umzug der »Kasmandl«, der von den Kindern ausgeübt wird und auf einer traditionellen Überlieferung beruht. Im Alpenraum gibt es verschiedene Sagen, die vom Beginn des Winters berichten. Wenn die Sennerinnen und Senner jeweils im Herbst die Almen verlassen und die Almhütten leer sind, zieht darin die geheimnisvolle Alpmutter ein. Oft begleiten sie noch weitere Gestalten, so zum Beispiel eine naturbekleidete Gestalt, der Waldgeist »Baumwercher«, der auch im wilden Heer der Frau Percht auftritt.

Im Lungauer Martinibrauch kommt die Alpmutter nicht mehr vor, ihre kleinen Wichte, die Kasmandl, sind zu den Hauptfiguren geworden. Sie werden als kleine graue Männlein mit einem runzligen Gesicht beschrieben. Der Volksmund weiß, dass die geisterhaften Wesen den Winter in den Alphütten verbringen. Dort ernähren sie sich von Speisen, welche die Sennleute für sie zurückgelassen haben. Üblicherweise bestehen die Gaben aus Brot und Käse. Doch nicht nur Essen wird vorbereitet, sondern auch gehacktes Brennholz, damit die Kasmandl den Winter über nicht frieren.

Die Natur- und Ahnenwesen bleiben von Martini bis zum Georgstag (24. April) in den Sennhütten. In dieser Zeit dürfen die Bauern die Hütten nicht betreten, denn sie gehören dann ganz den kleinen Wesen. Am Vorabend von Georgi jedoch machen die Sennleute bei den Alphütten großen Krach, um die Kasmandl aus ihrem Winterlager in die Berge zu vertreiben. Durch den Lärm soll auch der Winter vertrieben werden, zudem kündigen die Älpler so ihre Ankunft an. Die Kasmandl selbst entschwinden und ernähren sich nun wieder von den Früchten des Waldes und der Berge, bis sie an Martini die Hütten erneut bereitfinden.

Martinstag und Bauernwinter

Um diese Zeit verkleiden sich auch die Kinder im Lungau und gehen als Kasmandl um. Der Brauch wird seit Generationen von den Einheimischen sehr gepflegt und geschätzt. Für die Bauersleute zeigt das Erscheinen der Kinderschar den kommenden Winter an. Beim Kasmandlfahren gehen die Kleinen am Vorabend von Martini von Haus zu Haus und erzählen vom Kasmandl und vom Leben auf der Alp. Manchmal singen sie auch ein Lied. Sie erhalten zum Dank eine kleine Geldgabe, nachdem die Kasmandl Lungauer Rahmkoch, Rahmkas und Schnuraus (gebackene Teigmäuse) an die Leute verteilt haben.

Krampus und Nikolausfrau

Wie steht es nun mit dem Nikolausbrauch im Alpenraum? Gehört der bärtige Bischof wirklich zu den wilden Perchtenläufen, die er an manchen Orten begleitet? Warum nennt man sowohl den zotteligen Krampus als auch den Bischof einfach »Niglo«? Und woher stammt die weiße Frau neben dem Nikolaus, die heute auch als »Engerl« auftritt?

In den Alpen kommen zur Mittwinterzeit traditionell gleich zwei Gestalten zu den Kindern, um ihnen Geschenke zu bringen: der Nikolaus und eine weibliche Wohltäterin. Der Nikolaus ist der Legende nach der Bischof von Myra, der im 8. Jahrhundert aus Kleinasien zunächst nach Italien gelangte, im deutschsprachigen Raum ist er jedoch erst seit dem 10. Jahrhundert belegt. Die weibliche Wohltäterin, die ihm zur Seite steht, trägt in der Alpenregion ganz unterschiedliche Namen wie Engel, Frau oder Befana. Sprachgeschichtliche Untersuchungen im Gebiet von Tirol und im Trentino zeigen, dass im bayerisch-österreichischen Alpenraum mindestens um 700 bis 750 schon eine »Berta« (eine Percht) verehrt wurde, die im Trentinischen als »La Berta« tradiert ist. Die Schicksalsbestimmerin der Rauhnächte hat wohl auch schon in früheren Zeiten Haus und Hof gesegnet und die Menschen mit Gaben beschenkt.

In der gesamten Alpenregion und auch über deren Grenzen hinaus gibt es den schönen Brauch, im Advent verschiedene Gebildebrote zu backen und diese zu verschenken. Die meisten der Teigmännchen stellen den rauen Krampus oder den Nikolaus dar.

Im Salzburger Land und in Oberösterreich gab es auch eine Nikolausfrau, die ebenfalls mit Teig nachgebildet wurde. Während man den Nikolaus mit Stab und Kreuz versah, trug der Brot-Krampus eine fellartige Bekleidung oder wurde als gehörnter wilder Mann mit einem Geweih dargestellt. Der Name dieser Backwaren lautete in der Mundart stets »Niglo«. Diese Bezeichnung galt sowohl für den Bischof als auch für den Krampus. Nebst den Backwaren in menschlicher Gestalt kamen früher auch verschiedene Tierformen vor. Nicht selten waren darunter weiblich-männliche Paare wie Ziege und Bock, Hahn und Henne oder Hirsch und Hindin – genauso, wie es Krampusfrau und Krampusmann oder eine Nikolausfrau und einen Nikolausmann gab. Manche Gebildebrote versinnbildlichten zudem die Habergeiß, eine Tiergestalt, die in traditionellen Umzügen verschiedentlich auftritt. Ihr doppelsinniger Name bedeutet wortwörtlich »Bock-Ziege«, denn *Haber* meint »Ziegenbock« und *Geiß* »Ziege«. In der Sage gilt die Habergeiß als Haustier der Perchten.

Der Krampus ist eine der wenigen Gestalten, die im Brauchtum des Dezembers sowohl als Gebildegebäck als auch in den Nikolaus-Sprüchen erscheint. In diesen Kindersprüchen wird er weiter charakterisiert, was für die Herkunft dieses »dämonischen Wesens« sehr aufschlussreich ist. So heißt es in einer Strophe, er sei ein »wilder« und ein »alter Mann«.

Im Brauchtum Oberösterreichs gibt es den »alten Mann« in der Rauhnacht, der im Erntebrauch oft »der Alte« heißt – eine Benennung für den letzten Schnitter, der selbst den Korngeist des Feldes veranschaulicht. Ferner wurde der »Nigl« im Ernte- und Dreschbrauch Kärntens mit einem Strohkranz gekrönt, sodass dieser ebenfalls den Korn- und Strohmann versinnbildlicht. In Bayern bedeutet das Wort *Krampn* »etwas Vertrocknetes, Verdorrtes«, was den ursprünglichen Strohmann gut kennzeichnet. Der Krampus hat somit eine gewisse Entwicklung erfahren. Anfänglich war er ein Getreidegeist und »der Alte« der Mittwinterzeit.

KRAMPUS BACKEN

Zutaten
für zwei Portionen:
150 g Mehl
70 ml Milch
10 g Backhefe
30 g Butter
25 g Zucker
1 Eidotter
1 Päckchen Vanillezucker
etwas Salz
1 Zitrone
Rosinen
Kristallzucker, Mohn

für die Dekoration:
1 Ei zum Bestreichen
1 Esslöffel Milch zum Vermengen mit dem Ei
roter Zuckerguss

Zubereitung

Für die Zubereitung des Krampus brauchen wir zunächst einen Vorteig. Das Mehl in eine große Schüssel geben, dann eine kleine Mulde eindrücken und die zerkleinerte Backhefe hineingeben. Die Milch erwärmen, bis sie lauwarm ist, und in die Mulde gießen. Die Milch mit der Backhefe und etwas Mehl verrühren. Mit etwas Mehl zustauben und den Teig an einem warmen Ort etwa 30 Minuten ziehen lassen.

Inzwischen die Butter schmelzen lassen und mit dem Dotter, dem Zucker, dem Vanillezucker und dem Salz verrühren. Den Zitronen-Abrieb beigeben.

Die Buttermasse zum Vorteig hinzugeben, und alles zu einem geschmeidigen Tag kneten. Den Vorteig mit einem Geschirrtuch bedecken und erneut an einem warmen Ort 30 Minuten ziehen lassen.

Den Backhefeteig in zwei Teile trennen. Von jedem Teil ein kleines Stück Teig für den Kopf des Krampus auf die Seite legen. Die restlichen Teile jeder Kugel in drei gleichgroße Teile aufteilen und jeden Teil zu einer langen Schnur rollen.

Nun aus drei Schnüren den Körper des Krampus flechten; dabei den Anfang und das Ende des Zopfes offen lassen. Die offenen Teile des Anfangs werden zur Seite gezogen und eingedreht – sie bilden die Arme. Den mittleren Teil etwas abschneiden; hier wird der geformte Kopf des Krampus aufgesetzt. Beim unteren offenen Ende die zwei äußeren Stränge etwas eindrehen – sie bilden die Füße. Den dritten Strang abschneiden und verkneten, sodass der Schnitt nicht sichtbar ist.

Die beiden Gestalten nun auf ein mit Backpapier ausgelegtes Blech legen, zudecken und zwanzig Minuten ruhen lassen. Milch und Eidotter vermischen und damit die Krampusse bestreichen. Mit den Rosinen die Augen bilden und den Mund mit dem roten Zuckerguss. Die Teiggestalten mit Kristallzucker bestreuen und dann im vorgeheizten Ofen bei 180° Celsius etwa zwanzig Minuten backen.

NIKOLAUS UND NIKOLAUSFRAU

Diese ursprüngliche Erscheinung des Nikolaus ist heute weitgehend unbekannt, denn er trug nicht immer das bischöfliche Gewand, mit dem er heute umgeht. Einst zeigte er sich wie in Oberösterreich in einem weißen, nach außen gekehrten Pelz, gelegentlich sogar mit einem Strohhut oder einer Pelzkappe. Der Volksmund nannte ihn in dieser Tracht »den Weißen«. Mit seinem Auftreten als weiße Gestalt glich er der Percht, die schlicht in Weiß gekleidet zu den Leuten kam. Sie selbst ist »die Weiße«, was auch ihr Name »Percht« (althochdeutsch *beraht, bereht* »weiß, hell«) bedeutet. Der männliche Nikolaus konnte aber nicht auf die göttliche Ahnfrau verzichten, die nun in der Gestalt der »Nikolausfrau« fortlebt. Sie zeigt sich im langen weißen Kleid mit offenem Haar, mit weißer Gesichtsmaske oder weißer Kappe. In der Hand hält sie einen mit Gaben gefüllten Korb, die sie an die Menschen verteilt. Oft tritt sie aber nicht mehr in Erscheinung, dafür jedoch der Bi-

schof. Es ist auffallend, dass auch dieser häufig von einer Frau dargestellt wurde und seine Kleidung aus langen weißen Frauenunterröcken und Blusen bestand. Ja, an einigen Orten Österreichs wurde der männliche Nikolaus – gleichsam in Erinnerung an seine Vorgängerin – noch in den 1950er Jahren als »Nikolausfrau« bezeichnet. Wenn an ihrer Stelle ein »Engel« den Zug begleitet, bedeutet das nur, dass hier die Nikolausfrau in einer anderen Rolle auftritt. Denn auch der Engel wird von einer Frau dargestellt, die in einem langen weißen Kleid auftritt, ihre Haare offen trägt und wie die Nikolausfrau Gaben austeilt.

Es sind gerade solche feinen Unterscheidungen im Brauchtum, die immer wieder zu erstaunlichen Einsichten führen. Was wir heute als selbstverständlichen Brauch pflegen, hat oft eine längere Geschichte und im Laufe der Jahrzehnte und Jahrhunderte zahlreiche Veränderungen erfahren. Auch der Zeitpunkt der Ausübung des Rituals ist nicht immer der gleiche geblieben. Was jedoch zählt, ist der Kern der Rituale. Ohne die Frau Percht bleibt der tiefere Sinn der Nikolaus- und Perchtenumzüge unverständlich.

DER BERCHTESGADENER BUTTNMANDLLAUF

Eine solche zeitliche Unsicherheit finden wir auch beim sogenannten »Buttnmandllauf«, der in den bayerischen Orten zwischen Bad Reichenhall und Berchtesgaden bekannt ist. Die eigenartige Gruppe von Strohmännern besucht dabei die Familien in den Häusern. Heute erscheinen sie im Berchtesgadener Talkessel vorwiegend am 5./6. Dezember (Nikolaustag), jedoch in manchen Ortschaften wie Loipl oder Winkl am ersten beziehungsweise am zweiten Adventssonntag und in Maria Gern am 24. Dezember. Der Brauch wurde früher in den drei geweihten Rauhnächten ausgeübt, was die ältere Ritualzeit hervorhebt. Also die Zeit der ersten (24. Dezember), der zweiten (31. Dezember) und der dritten (5. Januar) Rauhnacht. Ursprünglich hatte

somit dieser Besuchsbrauch mit dem Advent und dem Nikolaus nichts zu tun. Erst durch die Christianisierung wird er mit dem Nikolausbrauch zusammengefügt und ab 1730 schrittweise in den Advent verlegt.

Entsprechend wird jetzt die umherziehende Gruppe vom Nikolaus angeführt. Zu ihm gesellen sich das »Nikoloweibl« (Nikolausfrau) oder ein Mädchen als Engel. Dazu die wilden »Gankerl« – eine Art Krampusse – und die Strohgestalten. Die Buttnmandl selbst sind unverheiratete Männer des Dorfes, ab 16 Jahren darf man sich verhüllen. Sie tragen ein langes Strohgebinde, um die Hüften schwere Kuhglocken sowie Fell- oder Holzmasken. Zudem haben sie eine Rute bei sich, die an die Lebensrute erinnert.

DIE MITTERNDORFER STROHSCHAB

Ihre nächsten »Verwandten« sind die Strohschab im österreichischen Bad Mitterndorf, Tauplitz (Steiermark) und Umgebung, die heute ebenfalls am 5. Dezember im Nikolausumzug auftreten. Die Männer sind gänzlich in Stroh gehüllt und tragen keine Masken. Ihr Strohgewand ist aus eigenhändig gedroschenem Roggenstroh und besteht aus Kittel, Oberteil und Kopfteil, der mit einer langen Stange – dem »Hörndl« – gekrönt wird. Anstatt einer Rute haben sie eine Peitsche, die

»Goasl«, dabei, mit der sie laut schnalzen. Die Strohschab ziehen ebenfalls von Haus zu Haus, um dort zu schnalzen, was Glück und Segen bringen soll. Sie werden dann von den Hausleuten im Freien bewirtet, dürfen aber nicht unter den Dachvorsprung treten, denn dies würde Unglück bringen.

Sowohl bei den Buttnmandln als auch bei den Strohschab fällt besonders auf, dass neuere Gestalten wie der Nikolaus oder das Engerl später hinzugekommen sind. Urtümlich erscheinen die Strohmänner, und es stellt sich die Frage, wohin sie vor dem christlichen Einfluss gehörten. Hinweise dazu geben uns die alten Ritualzeiten der Buttnmandl, die einst in den Rauhnächten umherzogen. Die Rauhnächte indes stehen ganz im Zeichen der mythischen Ahnfrau Percht. Sie war einst die Anführerin des Perchtenzuges, und als sie verdrängt und dämonisiert wurde, übernahm der Nikolaus zum Teil ihre Funktionen. Daran ändert auch nichts, wenn neben ihm die »Nikolausfrau« steht und ihm hilft,

Krampus und Nikolausfrau

die Gaben zu verteilen. Das ursprüngliche Mittwinterpaar waren die Percht und der Strohmann oder eine ganze Schar von Strohmännern. Sie sind in der Ahnenverehrung »die Alte« und »der Alte«, denen wir in der Volkstradition schon öfter begegnet sind. Der Strohmann versinnbildlicht dabei den dürren Herbst- und Winteralten, der jedoch die Lebensrute in den Händen hält. Durch dieses Zeichen der lebensspendenden Percht erlebt er seine Erneuerung und erscheint im Frühjahr als grüner Mann.

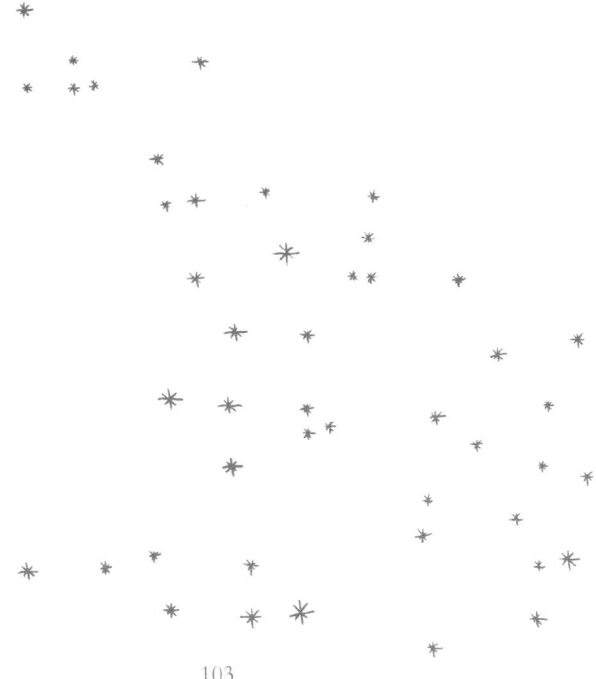

Bärbele- und Klausentreiben im Allgäu

Im bayerischen Allgäu finden in den Nächten vom 4. bis 6. Dezember wilde Umzüge statt, die von den einheimischen Jugendlichen gepflegt werden. Am Abend des 5./6. Dezembers gehört den ungestümen Kläusen die Gegend, die dann geisterhaft durch die Ortschaften ziehen. Obwohl man das Auftreten dieser »Winterdämonen« als Klausentreiben bezeichnet, haben die maskierten Gestalten kaum etwas mit dem bekannten Nikolaus zu tun. Auch im Allgäu sind die »Kläuse« in Felle gekleidet und mit Masken verhüllt. Auf dem Kopf tragen sie Hörner oder Geweihe sowie Ruten in der Hand. Die jungen Burschen ziehen durch die Straßen, begleitet von lärmenden Kuhschellen und Kettenrasseln. Und wie es in Österreich das Gebildegebäck der Nikolausfrau, des Nikolausmannes und des Krampus gibt, wird auch hier ein traditionelles Gebäck zum Klausentag feilgeboten. Es sind dies die runden »Laible« und die »Klausenmännle«, die vor Ort gebacken und verschenkt werden. Im Brauch selbst jagen die Maskierten nicht nur den jungen Mädchen hinterher, denen sie mit der Rute einen Schlag versetzen, sondern sie treten mancherorts auch als Gabenspender auf. So in Oberstdorf, wo die Vermummten von den Familien zu Hause erwartet werden. Dann stehen Laible, Mandarinen und Glühwein bereit. Die Kinder tragen dann ein Gedicht oder ein Lied vor und erhalten von den Verhüllten kleine Gaben.

In anderen Ortschaften ziehen die Kläuse von Haus zu Haus, um mit dem tosenden Lärmen der Kuhglocken die Dämonen und das Unglück zu vertreiben. Man nimmt an, dass dieser Brauch ursprünglich zur Zeit der Rauhnächte an Mittwinter ausgeübt und später auf den Nikolaustag übertragen worden ist. Das geschah, nachdem die hohe Geistlichkeit den Brauch abschaffen wollte, bei den Allgäuern damit jedoch keinen Erfolg hatte. Indem man das Klausentreiben in das christliche Nikolausbrauchtum einbezog, sollte der außerchristliche

Brauch wenigstens einen kirchlichen Rahmen erhalten, der jedoch kaum erkennbar ist.

Zum Aussehen der Kläuse sei noch bemerkt, dass Felljacken, Geweihe und aufwendige Teufelsmasken heute mittlerweile zur üblichen Ausstattung gehören, aber sie sind erst später hinzugekommen. Anfänglich beging man den Brauch mit einfachen Holzmasken oder nur mit rußgeschwärzten Gesichtern.

BÄRBELETREIBEN

Das nicht weniger wilde Bärbeletreiben findet am Abend des 4. Dezembers statt – dem Tag, der im Allgäu einst als Gabentag galt. Ausgeübt wird der Brauch von jungen, ledigen Frauen ab 16 Jahren. Sie kleiden sich in Fetzengewänder, die sie von ihren Großmüttern geerbt haben, und ehren damit zugleich ihre Vorfahrinnen. Mancherorts tragen sie Masken aus Flechten und Moos sowie weiteren Naturmaterialien. Zu ihrer Ausstattung gehören: größere Glocken, ein Besen aus Birkenreisig oder Weidenruten. Die als alte Frauen Vermummten zie-

hen mit wildem Gehabe doch schweigend umher und reinigen Straßen und Höfe. Sie betreten so manches Haus, fegen den Boden und kehren so symbolisch den Unrat hinaus. Wer ihnen zu nahe kommt, erhält bald einen Hieb mit dem Besen oder bekommt die Weidenrute zu spüren. Dieser Schlag soll Glück bringen und die Fruchtbarkeit fördern. Den jungen Familien bringen sie auf diese Weise Segen ins Haus und schenken den Kindern und Müttern Nüsse, Äpfel und kleine Gaben.

Der Bärbelebrauch war längere Zeit unterbrochen. Er kam jedoch in den 1960er Jahren in Oberstdorf wieder auf und erlebt seitdem im Allgäu eine regionale Renaissance. Die Tradition soll auf die heilige Barbara zurückgehen, die von ihrem Vater gezüchtigt worden sei – so die schwer nachvollziehbare Deutung. Ebenso unverständlich ist es, warum das Klausentreiben zwar aus der vorchristlichen Tradition, das Bärbeletreiben aber aus einer Heiligenlegende abgeleitet wird.

Jedoch haben weder die Allgäuer »Kläuse« etwas mit dem Nikolaus gemein, noch sehen sich die »Bärbele« in der Überlieferung der heiligen Barbara. Beide Maskenbräuche beruhen auf vorchristlichen Ritualen, die mit den Rauhnächten der Mittwinterzeit einhergehen. Diese beginnen in manchen Orten schon am 4. Dezember, genauso wie die Perchtenbräuche einst von Anfang Dezember bis zu Lichtmess im Februar ausgeübt wurden. Interessant ist, dass die Bärbele wie die Frau Percht den Unrat aus dem Haus kehren. Zudem bringen beide den besuchten Höfen den erwünschten Segen und der

Gemeinschaft Gaben dar, worauf sie ebenfalls bewirtet werden. Außerdem haben die Bärbele (wie die Kläuse) eine Lebensrute, die Glück und vor allem Fruchtbarkeit verleiht, wenn sie die Leute mit dem Zweig berühren.

Die Weidenrute des Allgäuer Brauchtums erinnert dabei an die Linden- und Birkenrute im Martinisingen Österreichs. In diesem schon erwähnten Brauch versetzt der Hirte dem Vieh mit der Gerte einen leichten Schlag, damit es gesegnet wird und gesund bleibt. Die Lebensrute wiederum hat eine doppelte Bedeutung. Sie kann das Leben nehmen, aber auch schenken.

Zumeist wird die Bedeutung der mittwinterlichen Umgänge zu oberflächlich gedeutet. Es heißt, die wilden Maskierten würden mit ihrem Lärm und Gehabe die »bösen Wintergeister« der Gegend oder die »Dämonen« austreiben. Das ist eine sehr verkürzte Sicht der Dinge. Denn der Winter und seine Personifikation als »die Alte« oder »der Alte« wird zwar im Volksbrauchtum mit Lärm vertrieben, aber doch eher nach Neujahr und im Vorfrühling, nicht aber zu Beginn des Winters im Dezember. Auch die typische Charakterisierung der winterlichen Vermummten deutet in eine andere Richtung: Die Masken dürften die Natur- und Ahnenwesen der Sippengemeinschaft darstellen, welche die Hausgemeinschaften als Wintergeister aus der Anderswelt besuchen und den Nachfahren Gaben, Glück und Segen bringen. Die Ahnenwesen haben die Lebensrute dabei, die auch ein Symbol dafür ist, dass die Toten bald wiederkehren und durch die Kraft der Erneuerung in die Sippen wiedergeboren werden.

Die »Bärbele«, die »Kläuse« und die Percht(en) gehören zu einer Ahnenmythologie, in der die Lebenden und die Toten eine Gemeinschaft bilden und sich gegenseitig in ihrem Schicksal unterstützen. Die Maskierten versinnbildlichen den Totenzug oder die Jenseitigen, die den Menschen in diesen Tagen begegnen. Die Welt der Ahnen und die Welt der Lebenden durchdringen sich in den Winterbräuchen häufiger. Das ist ein Schlüsselthema vieler Mittwinterrituale, die leider häufig viel zu isoliert voneinander betrachtet werden. Mit der vorschnellen Kategorisierung dieser jahreszeitlichen Rituale als »Dämonenbräuche« verhindert man eine genauere Betrachtung und übernimmt die abwertende Sichtweise der kirchlichen Prediger, die den einheimischen Bräuchen einst ihre Weltsicht überstülpten.

Lichterschwemmen und Lutzelfrau

Ein sehr schöner Wasser- und Feuerbrauch wird jeweils am 13. Dezember in der oberbayerischen Stadt Fürstenfeldbruck gepflegt. Es ist der Tag der Luzien, der lichten Jungfrau Lucia sowie der dunklen Lutzelfrau, einer mythischen Gestalt, auf die noch später eingegangen wird. Der heute in Süddeutschland einmalige Flussbrauch war schon fast in Vergessenheit geraten, als er im Jahr 1949 wieder neu belebt wurde. Dabei werden nach Einbruch der Dunkelheit von den Kindern des Ortes kleine Lichterhäuschen aus Holz in einer Prozession zum Ufer der Amper getragen. Diese werden dann dem Fluss übergeben. Die Strömung treibt die im Inneren von Kerzen erhellten Häuschen flussabwärts. Dies ergibt mit dem sich spiegelnden Wasser ein farbenprächtiges Lichtermeer. In den letzten Jahren sind bis zu 200 Kerzenhäuschen auf der Amper geschwommen.

Der Lichterbrauch selbst ist eigentlich ein Ritual zur Wintersonnenwende. Im Mittelalter rechnete man bis ins Jahr 1582 mit dem julianischen Kalender, der in seiner Übereinstimmung zwischen Sonnen- und Mondjahr ungenau wurde. Denn das unterschiedliche Sonnenjahr von etwa 365 Tagen wurde nicht mit dem alten Mondjahr von 354 plus 11 Tagen harmonisiert. Daher verschob sich der kürzeste Tag allmählich auf den 13. Dezember, der als Mittwintertag galt. Erst als der gregorianische Kalender am Ende des 16. Jahrhunderts eingeführt wurde, korrigierte man diese Verschiebung, und der 21. Dezember wurde wieder zum Tag der Wintersonnenwende. Trotzdem blieb der 13. Dezember als Tag der Lucia und der Lutzelfrau bestehen, obwohl beide zur Wintersonnwende und nicht zum christlichen Advent gehören.

In Fürstenfeldbruck sieht man den Brauch weniger in Zusammenhang mit dem Kult der Wintersonnenwende, sondern man erzählt sich, dass dieser auf das Hochwasser der Amper im Jahr 1785 zurückgeht. Damals drohte der Fluss die Ortschaft zu überschwemmen. In der Not wandten sich die Leute an die heilige Lucia und gelobten, jeweils am 13. Dezember feierlich an sie zu denken, sollte die Stadt verschont bleiben. Als Symbol der Verbundenheit bauten die Einwohner mit Kerzen bestückte Modelle ihrer Häuser nach und übergaben sie weihevoll als Opfergaben an den Fluss. Tatsächlich blieb die

Überschwemmung am Luciatag aus, die Menschen wurden verschont, obwohl die Amper einen Höchststand erreichte.

Wir wissen indes, dass der Lichterbrauch bereits Ende des 17. Jahrhunderts ausgeübt wurde und eher eine Wiedererinnerung an ein altes Rituals war, das in den schicksalhaften Tagen des Hochwassers erneuert wurde. Denn eine Schrift aus dem Kloster Fürstenfeld belegt, dass der Brauch in Fürstenfeldbruck mindestens schon 100 Jahre früher üblich war. Darin heißt es, dass die Schüler am 13. Dezember, dem Luzientag, Opfergaben darbrächten und eine Prozession durch den Ort veranstalteten. Die Kinder trügen dabei beleuchtete Häuschen in den Händen, die sie abschließend in den Amperfluss setzten. Das Hochwasser Jahre später kann daher nicht als der Ursprung des Brauches gelten. Vielmehr ist anzunehmen, dass sich die Bevölkerung während des Hochwassers in ihrer Verzweiflung an einen alten Brauch erinnerte. Die kürzesten Tage und die längsten Nächte stehen seit langer Zeit mit der heiligen Lucia und der in der Volkserinnerung fortlebenden Lutzelfrau in Zusammenhang, die man nun um Hilfe bat. In höchster Not greift man oft auf ältere Kultformen zurück, die noch im 16./17. Jahrhundert in der Volkstradition sicherlich stärker vorhanden waren, als es Jahrhunderte später der Fall war. Die Lutzel alias Lucia galt da noch als mächtig genug, das Schicksal der Menschen und der Naturkräfte zu bestimmen. In-

direkt stellte man sich damit zugleich unter den Schutz der längst vergessenen Mittwinterfrau.

Vielleicht stellt das Licht auf dem Wasser auch die wiederkehrende Sonne aus dem Dunklen der Wintersonnenwende dar? Eine symbolische Wiedergeburt des Lebens durch die dunkle Lutzelfrau? Betrachtet man den Lichterkult gleichzeitig im Zusammenhang mit der Ahnenpflege, kommt dem Licht gleich mehrfache Bedeutung zu. So kennen wir den Brauch, in der dunklen Jahreszeit ein Licht ins Fenster zu stellen, damit die Verstorbenen ihren Weg von der Jenseitswelt nach Hause finden. Die Ahnenseelen verbleiben dann im Haus, wärmen sich in der Stube und erhalten Speisegaben. Nachdem sie so bei den Lebenden weilten, kehren sie von ihrer Sippe wieder in die Anderswelt zurück. Die Seelengeister werden dabei mit Lichtern begleitet, oder die Lichter symbolisieren selbst deren Lebensflamme. Das bedeutet nun auf den Brauch des Lichterschwemmens angewandt, dass die Ahnen den Fluss hinunterschwimmen. Ob das Licht nun auf einem Schiffchen oder in Form eines Häuschens wie in Fürstenfeldbruck auf dem Fluss treibt, was auf eigentümliche Weise an die Ahnenhäuschen archaischer Kulturen erinnert, ist dabei

von untergeordneter Bedeutung. Das Wasser steht dabei für den mythischen Ort, an dem sich die Verstorbenen in der Anderswelt aufhalten. Als Seelenlichter schwimmen sie auf dem Fluss stromabwärts zurück in die Jenseitswelt, in das Reich der dunklen Lutzelfrau.

Bei der Lichterschwemme vermischen sich verschiedene Traditionen. Die Heim- und Rückkehr der mit Lichtern begleiteten Ahnenwesen ist vor allem ein archaisches Ritual zur Mittwinterzeit. Hinzu kommt ein Sonnenkult zur Wintersonnenwende und zum Frühlingsanfang, bei dem Lichter auf das Wasser gesetzt werden, um die Naturvorgänge zu verdeutlichen. Zu diesen beiden Traditionen kommen später neuere Deutungen hinzu wie das Dankesopfer für ein überstandenes Hochwasser.

LUCIA UND LUTZELFRAU

Der Luzientag steht in der kirchlichen Tradition mit der heiligen Lucia in Verbindung, die im 3. Jahrhundert in Syrakus (Sizilien) gelebt haben soll. Die Märtyrerin ist jedoch als his-

torische Person nicht belegt. Zudem zeigt der Kulturhistoriker Leopold Kretzenbacher, dass es sich um eine konstruierte Figur handelt, welche in Europa die alteingesessene Lutzelfrau der Mittwinterbräuche verdrängen sollte. Dies ist nur teilweise gelungen, denn in der Volkserinnerung ist die alte Lutzel lebendig geblieben. Die Namensähnlichkeit der beiden Gestalten verdeutlicht auch das Vorgehen der kirchlichen Institutionen. Sowohl *Lucia* »die Leuchtende« als auch *Lutzel* stehen in sprachlicher Verwandtschaft mit dem lateinischen *lux* »Licht«. Schon in der Antike verehrte man die Göttin Juno Lucina oder Lucetia, die den Frauen bei der Geburt beistand und dem Kind die Augen öffnete, wenn es ins Leben trat. Ihre Symbole waren eine Lampe und eine Opferschale. Interessanterweise spielen die Augen und die Opferschale auch bei der heiligen Lucia eine bedeutende Rolle, jedoch unter ganz anderen Vorzeichen. So soll sie sich ihre schönen Augen selbst ausgerissen haben, als ein Bewerber sich in sie verliebte. Eine Augenheilige mit einer ebenso seltsamen Legende ist zudem Odilie, eine Schwestergestalt der Lucia, deren Festtag ebenfalls der 13. Dezember ist.

Einen lichten Aspekt der mythischen Lutzelfrau finden wir in Schweden mit der verehrten Luzienbraut, bei der sich nordeuropäische Traditionen und christliche Einflüsse vermengen. Als »Lussibrud« erscheint dabei die älteste Tochter der Familie. Sie trägt ein langes weißes Gewand und auf dem Kopf einen Kranz mit brennenden Kerzen. An ihrem Tag weckt sie frühmorgens die noch schlafenden Familienmitglieder auf und bringt ihnen Gebäck ans Bett. Wer ihr begegnet wird auch mit sonderbaren Gebildebroten beschenkt – den sogenannten Teufelskatzen.

Der dunkle Aspekt der Lutzelfrau drückt sich unter anderem im Brauchtum des Bayerischen Walds aus. Jedoch in einer derart verzerrten Form, die nur einem tiefen Dämonenglauben entstammen kann. Hier tritt die »hässliche Luz« in Gestalt eines Kinderschrecks auf. Sie läuft in alten Kleidern umher, hat ein gruseliges Gesicht und ganz zerzauste Haare. In den Händen hält sie eine Sichel oder ein Messer. Dieses wetzt sie, wenn sie erscheint, und sagt dazu einen Spruch auf, in dem ein Gefäß mit Blut und Gedärm vorkommt. Man sagt ihr nach, dass sie den bösen Kindern den Bauch aufschlitze. Üblicherweise trifft man sie in Begleitung des »blutigen Thomas«, der mit seinem Hammer ebenfalls Furcht erregend ist. Sie ziehen am 21. Dezember über Land, also während der Wintersonnenwende und der Mittwinterzeit.

Etwas freundlicher geht es andernorts zu, wo die Lutzelfrau ganz anders in Erscheinung tritt. So beispielsweise in Niederösterreich, wo manch einer um Mitternacht den Luzienschein zu erkennen glaubt. Es ist ein zitterndes Licht, das sich langsam über die Dörfer und Häuser bewegt und verschiedene Gestalt annimmt. Nur für gewisse Leute ist das Licht sichtbar, das zukünftige Dinge ankündigt, wenn man die Zeichen deuten kann. Der Luzienschein erinnert auch an die Frau Percht, von der man sagt, dass sie in den Winternächten als weiße Lichtgestalt umgeht.

DAS LUZIENKREUZ AM ORAKELBAUM

Die Lutzelfrau und die Percht stellen zwei Seiten einer mythischen Ahnfrau dar, die voneinander getrennt wurden. Sie gleichen sich nicht nur im Brauch und in der jahreszeitlichen Erscheinung, sondern auch im Namen. Denn *Percht* meint »die Weiße« und *Lutzel* »die Leuchtende«. Außerdem haben die Ahnfrauen ein doppelgestaltiges Antlitz. Sie haben eine helle und eine dunkle, eine junge und eine alte und eine mädchenhafte wie greisenhafte Seite, die wie der Sommer und der Winter untrennbar sind. Doch genau das ist mit der mythischen Lutzelfrau geschehen. Die Aspekte der umfassenden Göttin wurden getrennt, und zwar in eine dämonische Alte, den Kinderschreck, sowie in eine weiß gekleidete Luzienbraut, die Züge der legendenhaften Lucia aufweist. Die Aufspaltung universeller Göttinnen geschah allmählich und über lange Zeit in der griechischen, römischen, keltischen und germanischen Mythologie und setzte sich in der christlichen Dämonologie konsequent fort. In den naturmagischen Traditionen, zu denen die Percht und die Lutzelfrau gehören, konnten sich jedoch auch ältere Eigenschaften bewahren, indem man die Bräuche mehr oder weniger im Verborgenen ausübte.

Luzienkreuz und Orakel

Der Nacht vom 13. Dezember werden besondere Kräfte zugesprochen, und so ist es Brauch, dann ein Naturorakel zu befragen. Das Ritual beginnt damit, dass in der mystischen Luziennacht eine junge Frau um Mitternacht aus dem Haus schleicht, um etwas über ihr zukünftiges Schicksal zu erfahren. Dazu geht sie allein mit einem Schnitzmesser an einen Bach, wo Weidenbäume stehen. Sie wählt einen Baum aus und schneidet mit dem Messer ein Stück Rinde an der Sonnenseite weg, löst es aber nur zur Hälfte. Auf die innere Seite der Rinde zeichnet sie das zwei- oder dreifache Luzienkreuz und befeuchtet es anschließend mit klarem Bachwasser. Daraufhin befestigt sie das halb abgelöste Rindenstück wieder am Stamm. Nun kehrt sie eilends wieder nach Hause zurück. Für das Gesamte hat sie nur eine Stunde Zeit, denn vor ein Uhr muss alles geschehen sein. Das Mädchen kehrt dann erst am Neujahrstag wieder zum Orakelbaum zurück. Sie löst die Rinde vom Stamm, und anhand der rätselhaften Zeichen wird ihr die Zukunft vorhergesagt.

Die Verwendung des Luzienkreuzes zeugt davon, dass es kein christliches Ritual ist. Das Zeichen ist das Symbol der mythischen Mittwinterfrau und Schicksalsbestimmerin der Rauhnächte, der Frau Percht.

Weihnachtsblock und Rauhnacht

Wenn heute in weiten Teilen Europas am 24. oder 25. Dezember der Weihnachtsbaum aufgestellt wird, ist es den Menschen vielfach nicht bewusst, dass die Tradition des immergrünen Baumes nicht aus dem christlichen Brauchtum stammt. Die Herkunft des Baumes an diesem Festtag geht auf den Lebensbaum zurück und ist in Nordeuropa zu suchen. Die Anfänge des heutigen Weihnachtsbrauchtums gehen wohl bis ins 17. Jahrhundert zurück. So gab es zur Wintersonnenwende die außerchristliche Gepflogenheit, Obstbaumzweige ins Haus zu holen, damit sie in der Wärme frühzeitig erblühten. Diese ursprünglichen Wintermaien symbolisierten die Erneuerung des Lebens und das Frühjahr und sollten die Fruchtbarkeit fördern. Gleichsam als Ersatz für den nicht immer rechtzeitig aufblühenden Maien verwendete man häufiger auch immergrüne Zweige. Daraus wurden dann in Straßburg um 1605 die ersten geschmückten Bäume, bei denen noch ganz auf Kerzen verzichtet wurde.

Im 18. Jahrhundert wurde der Brauch dann zunehmend ein fester Bestandteil der christlichen Festkultur.

Neben dieser Tradition existierte ein sehr urtümliches Mittwinterritual, das in einem Feuer- und Baumkult wurzelte. Es handelte sich um den Holzblock der Rauhnächte, der auch Weihnachtsblock genannt wurde. Es war Brauch, spätestens am 23. oder 24. Dezember einen knorrigen alten Baumklotz vom Wald zum Haus zu ziehen. Diesen Klotz legte man in das offene Herdfeuer oder den Kamin, und die Hausgemeinschaft feierte die erste Rauhnacht und auch die folgenden Tage mit dem Holzklotz. Die Familienmitglieder reichten dem Baumblock etwas zu essen und zu trinken, sprachen mit ihm und lauschten seinen »Antworten«.

Die zum Teil überlieferten scharfen Predigten der Kirche gegen diesen elementaren Brauch zeigen, dass es sich um ein altes Jahresritual der Landbevölkerung handelte, gegen das nur schwer anzukommen war. Das Verbrennen des Weihnachtsblockes pflegte man auch auf dem Balkan, in Süd-, Ost- und Westeuropa bis nach Skandinavien. Zwar wirkte das Vorgehen der Kirche auf den alten Brauch zersetzend, doch erlosch er vielerorts erst, als die offenen Feuerstellen durch moderne Öfen ersetzt wurden.

Der Weihnachtsklotz war einst in Graubünden als »cusch de Nadal« sowie auch im Dreieck von Kärnten, Italien und Slowenien bekannt und besonders in Bulgarien, Kroatien und Serbien üblich. Das Fest und der Brauch heißen dort Badnjak, also »Weihnachtsabend« oder Veseljak, der »Erfreuer«. Der Klotz wurde dort auch »das selige Stück Holz« genannt. Jeweils am 24. Dezember suchte der Bauer eine junge Eiche aus, die er vor Sonnenaufgang fällen musste. Bevor er dies tat, vollzog er verschiedene Zeremonien, indem er beispielsweise den Baum mit Getreide bewarf oder ihm einen Kuchen darbrachte. Oft sprach der Bauer vorher zum Baum wie zu einer Ahnen-Person: »Guten Morgen, heiliger Badnjak! Einen glücklichen Tag! Ich bin zu dir gekommen, damit ich dich in mein Haus tragen kann, dass du mir ein treuer Helfer seist: im Haus, im Stall, auf dem Feld und an jeglichem Ort!« Dieser Baum stand zweifellos für ein Wesen des Waldes, der Landschaft und des Hauses, das Schutz und Segen gewähren sollte. Und selbst der Baumstumpf diente noch als Ahnenstätte – gleichsam als Altar –, der mit Wein und Getreide überschüttet wurde. Oft ließ man auch ein Stück Kuchen als Gabe zurück.

In Bulgarien wurde der Badnjak-Baum sogar mit Öl gesalbt und in Leinen gewickelt. Dann nahm ihn die Baba, die älteste Frau des Hauses, und stellte den Baum neben den Herd. Nach dem Räuchern, das bei den Rauhnachtsbräuchen beschrieben wird, kam er auf den Herd. Während des ganzen Rituals fassten sich die umstehenden Frauen, Mädchen und Burschen wie zu einer Kette an den Schultern und sangen folgendes Lied:

LIED DES BADNJAK-BAUMES

Ach du Bäumchen, grades Bäumchen!
Wo bist du so schlank gewachsen,
So gerad und hoch gewachsen?
Antwort gibt das schlanke Bäumchen:
Ach, du liebes, kleines Mädchen,
Mägdlein, Federchen gekrümmtes!
Ich bin aufgewachsen droben,
Dort auf dem Gebirge oben,
Bei dem Samovilensee.
Schnitt mich ein schwarzäug'ger Bursche
Trug mich weg, um mich zu setzen
Neben Herd und neben Tisch.
Goldnes Bäumchen bin ich, Mädchen,
Goldnes Bäumchen, reich an Früchten.
Werde bis zum Himmel wachsen,
Äste bis zur Erde senken.
Treibe Laub wie feine Perlen,
Blüten gar wie weißes Silber,
Früchte bring' ich reinen Goldes.
Herab auf mir wird Christus kommen.
Werde bringen viel Geschenke:

Für die Mädchen feine Perlen,
Für die Mütter reines Silber,
Für die Väter rotes Gold gar,
Rotes Gold, ein volles Haus auch,
Reich an Kindern, reich an Lämmern,
Reich an Kälbern, reich an Fohlen,
Reich an Zicklein, reich an Ferkeln,
Reich an schnellen Bienenschwärmen,
Leben, Fröhlichkeit, Gesundheit.

Der bulgarische Kultbaum erscheint in diesem Lied schenkend und schicksalhaft. Er sorgt bei Menschen und Tieren für Fruchtbarkeit. In diesem Lied wird auch auf seine Herkunft verwiesen, auf den Samovilensee. Die Vila oder Samovila sind in der slawischen Mythologie weibliche »Naturgeister«, die vor allem mit dem Wasser, den Wäldern, den Feldern und dem Gebirge in Verbindung stehen. Die Samovila werden manchmal als Nymphen beschrieben, die der Göttin Mokosch folgen. Diese wurde noch im 12. Jahrhundert in Osteuropa verehrt, aber immer mehr von der russisch-orthodoxen Kirche verboten. Die Göttin segnete Menschen, Tiere und Felder. Sie bewirkte deren Fruchtbarkeit, schützte die Schafherden und war Matronin des Spinnens und Webens. Ihr Name leitet sich vom Wortstamm *mok* »feucht« ab, sodass Mokosch »die feuchte Mutter Erde« bedeutet. Im 16. Jahrhundert fragte der Priester die Frauen jeweils bei der Beichte aus, ob sie noch immer zu Mokosch gingen. Bis heute lebt in der russisch-ukrainischen Volkstradition die Vorstellung weiter, dass nachts ein weiblicher »Dämon« namens Mokosch, mit großem Kopf und langen Fingern, in die Bauernhäuser komme, um dort das Werg zu spinnen.

Auch in Slowenien war der Weihnachtsklotz verbreitet, dort nannte man den Baumstrunk *božič* ‚»kleine Gottheit«, und am Weihnachtsabend gab man ihm jeweils einen Löffel vom Abendessen ab und begoss das Ende des langen Klotzes mit Wein, Met, Branntwein oder Milch. Dies war primär die Aufgabe der Hausmutter, vor allem der Großmutter. Ebenso ließ man die Speisereste nach dem Abendessen rund um den Block stehen, damit die »armen Seelen« davon etwas nehmen konnten. Hinter diesen »armen Seelen« standen jedoch die Ahnen der Haussippe, die hier am Mahl der Lebenden in der seelenvollen Nacht teilhaben konnten. Mit dem geheimnisvollen Block war zudem ein Orakel verbunden. Je nachdem, ob das Holz gut brannte oder nicht, gab es ein reiches oder ein weniger gutes Erntejahr. Man achtete auf die Funken, die aus der Glut sprangen, oder auf die Schatten, welche die Feuerzungen im Kamin warfen. Zudem oblag es einem alten Mann, den Stimmen des Blockes zu lauschen und deren Weissagungen zu vernehmen, die er dann der Hausgemeinschaft mitteilte. Danach erfolgte ganz ähnlich wie in unseren Breiten die rituelle Räucherung des Hofes mit den glühenden Kohlen des Baumes. Die Asche und die Kohle des Stammes galten als

Weihnachtsblock und Rauhnacht

segenbringend und schützend. Die Asche wurde gesammelt und aufs Feld gebracht, oder es wurden damit die Samenkörner bestreut. Auch als Heilmittel für Mensch und Vieh wurde sie verwendet. Einen Teil der Kohle hob man auf, um sie über das Jahr bei schweren Unwettern zum Schutz ins Herdfeuer zu legen.

Rauhnächte und Zwölften

Die Rauhnächte spielen üblicherweise in der Zeit von Mittwinter, also der Wintersonnenwende am 21. Dezember bis zum 6. Januar, eine bedeutende Rolle. Untersucht man die Bräuche im engeren Sinn, so werden überwiegend die Wintersonnenwende (21./22. Dezember), die geweihte Nacht (24. Dezember), der letzte Jahrestag (Silvester/Neujahr) sowie die Perchtnacht (5./6. Januar) genannt. Diese Tage sind gekennzeichnet durch Orakel, Schicksalsbefragungen, Gabenspenden und Segnungen, welche die Menschen, den Hof, die Tiere und die Felder betreffen. Gleichzeitig ist es eine Zeit der Übergangsrituale, gleichsam eine Schwellenzeit, die allmählich in den neuen Lebenskreis führt. Die Übergangsrituale können aber nur zusammen mit den Mächten der Anderswelt gelingen, welche diese Zwischenzeit besonders begleiten und die Gemeinschaft beschützen. Der Austausch zwischen den Lebenden und der Jenseitswelt, die beiden Sphären – die Welt der Sichtbaren und die Sakralsphäre der Ahnenwesen – durchdringen sich in den unterschiedlichen Ritualen.

Ein schönes Beispiel dazu ist der zuvor beschriebene Brauch des Weihnachtsblocks, mit dem die Hausgemeinschaft an der seelenvollen Feuerstelle die geweihten Nächte feiert. Oder die Elementegabe an Feuer, Wasser, Wind und Erde, in denen das Walten der Naturwesen gesehen wird, wie im Brauch des »Windfütterns« zu beobachten war.

In den Rauhnächten regiert die Percht als Schicksalsfrau, die ebenfalls den Zwölften vorsteht. Dies sind die Tage oder besser gesagt die zwölf Nächte vom 24. Dezember bis zum 5./6. Januar. Es sind die Nächte, in denen das zukünftige Lebensglück von der Ahnfrau neu zugeteilt wird. Die Zwölften sind auch die dunklen, die ungewissen Tage, die zwischen einem Mond- und Sonnenjahr stehen. Dreizehn Mondmonate müssen nämlich mit etwa zwölf Tagen ergänzt werden, damit das Mondjahr mit dem Solarkalender im Einklang steht. Diese geheimnisvollen kosmischen Vorgänge in der Natur beeinflussen auch die schicksalshaften Übergänge in den Bräuchen der Zwölften sowie umgekehrt. Denn in der naturmagischen Weltsicht wirken die Handlungen im Einzelnen auf die Abläufe im Ganzen, und das Umfassende spiegelt sich im Kleinen wider.

In diesem Zusammenhang verstehen wir auch die verschiedenen, auf die Natur »zauberhaft« einwirkenden Handlungen der Rauhnächte. So zum Beispiel das Räuchern des Hofes. Sehr urtümlich ist es, wenn vom Weihnachtsblock im Kaminfeuer Glut entnommen und damit ein kleines Gefäß gefüllt wird. In diesen kleinen Kessel gibt man oft zusätzlich Kräuter hinein, die während des sogenannten Frauendreißigers (15. August bis 8. September) gesammelt wurden. Ehedem tat man das zu Ehren einer alten Erdmuttergöttin wie Isis-Noreia oder Reitia, deren Kräuterbräuche jedoch allmählich in die christliche Marienverehrung übergingen.

Mit dem Kohle- und Kräutergefäß in der Hand segnet der Hausvorstand den Hof, den Stall, die Tiere und das Feld. Dabei folgen ihm die Familienmitglieder und alle Bewohner des Hofes wie bei einer Art Prozession. Schließlich versammeln sich alle Personen im Kreis um den Hausvorstand, und die Gemeinschaft erhält ebenfalls ihren Rauchsegen. Die Kohlereste werden dann das ganze Jahr über aufbewahrt, da sie besonders heilkräftig sind. Das Räuchern selbst deutet man oft als »Abwehrzauber« gegen böse Einflüsse, was jedoch eine verkürzte Sichtweise ist. Denn der Rauch stellt eine sublime Form der Frauenkräuter und des Feuerblockes dar, welche die Ahnenwesen versinnbildlichen. Gleichsam durch ihre kondensierte Anwesenheit sind sie substanziell im Rauch sichtbar. Diese wertvolle Substanz wird im Haus sowie für die Menschen, Tiere und Felder verströmt, damit die Ahnen ihren Schutz und Segen spenden. Durch das Räuchern sollen nicht

die Geister vertrieben werden, sondern das Anwesen wird gewissermaßen mit der Gegenwart der Ahnen erfüllt. Diese stehen den Menschen bei und werden in der Not um Rat gefragt. Gleichzeitig ist das vom Ahnenrauch erfüllte Haus gegen unglückliche Einflüsse geschützt, was vor allem durch die schicksalshafte Mittwinterfrau Percht bewirkt wird. Sie ist die Große Ahnfrau der Rauhnächte, und wo sie einkehrt, bringt sie dem ganzen Anwesen Fruchtbarkeit und Segen. Darum schätzen es die Bäuerinnen sehr, wenn die Percht ins Haus kommt oder über die Felder läuft, denn überall, wo sie ihren Fuß hinsetzt, bringt sie ihre Lebenskraft mit.

Fruchtbarkeit und Baumküssen

Ein Fruchtbarkeitsorakel besteht darin, vom Weihnachtsblock Asche zu entnehmen und damit zwölf Samenkörner sorgfältig zu umgeben. Man beobachtet diese »Aschekörner« während den Zwölften genau und freut sich, wenn einige von ihnen zu sprießen beginnen. Es zeigt den Bauern an, welche Saat er im kommenden Jahr auf die Felder streuen soll.

Ebenso glaubte man in dieser Zeit, dass die zwölf Tage der Rauhnachtzeit das Wetter der kommenden zwölf Monate anzeigen: Dabei steht jeder Tag während der zwölf Mittwintertage für einen Monat im neuen Jahr. Es gibt immer noch Bauern, die das Wetter während den Zwölften genau aufzeichnen, um damit eine Art Vorhersage für das künftige Jahr zu haben. Am besten, Sie versuchen es einfach einmal selbst und folgen dem Beispiel Ihrer Vorfahren. Vielleicht erhalten Sie so auch für Ihren eigenen Garten interessante Informationen für den Jahreslauf.

Außerdem bestreut die Bäuerin am Weihnachtsabend die Obstbäume mit Mehl, damit diese auch essen und im nächsten Jahr viele Früchte tragen mögen. In Tirol war es sogar Brauch, dass die Frauen während des Brotbackens auf die Felder gingen und die Bäume mit ihren vom Mehl und Teig weißen Armen umfingen. Diese Elementegabe sollte die »Baumseele« füttern und viele Früchte bringen.

Ein ähnliches Ritual fand im österreichischen Innviertel statt. Dort gingen am Abend der Wintersonnenwende die Mädchen und Jungen des Hofes in den Obstgarten, wo sie die Bäume umarmten und küssten. Dies sollte in der nächsten Erntezeit für eine reiche Obsternte sorgen.

In Kärnten glaubten die Menschen, dass sich die Verstorbenen auf den Abend der ersten Rauhnacht freuen, denn dann durften sie den Gräbern entsteigen und sich an den von ihren Angehörigen gedeckten Tisch setzen. Während der Nacht brannte ein sogenanntes Nachtlicht, und auf den gedeckten Tisch legte die Bäuerin einen ganzen Brotlaib und ein Messer. Im Rosental fanden die Ahnenwesen häufig drei Brote vor, dazu auch etwas Weihrauch, Getreide und einen Krug Wein. Die Geister kommen dann in der Nacht und laben sich bei Tisch an der Speise und am Getränk. Dieselbe Speisegabe bereitete man den Seelenhaften auch an der zweiten Rauhnacht (Silvesterabend) und in der Perchtnacht vor Dreikönig.

Interessant ist zudem, dass an diesen drei Abenden in vielen Orten drei Brotlaibe aus Sommerroggenmehl in der Mitte des

Rauhnächte und Zwölften

großen Tisches übereinandergelegt und mit einem weißen Tuch zugedeckt wurden. Auf jeder Tischecke stehen drei bis vier Teller übereinander, die mit verschiedenen Getreidesorten gefüllt sind. Auch werden Werkzeuge auf die Bänke gelegt. In der Nacht darauf erscheinen die Ahnengeister, das heißt die »armen Seelen«, und essen vom Brot. Ebenso soll der »Heilige Geist« in die Stube einkehren. Dieser ist jedoch eine verchristlichte Form der Segensbringerin Frau Percht. Der »Geist« nimmt von den verschiedenen Getreidearten in dem Verhältnis, wie die Sorten im kommenden Jahr besonders gut gedeihen werden.

Die mythische Frau Percht

Über das Wesen und die Herkunft der Frau Percht wurde schon viel geschrieben, trotzdem bleiben hier eine Menge Fragen unbeantwortet. Wenn in der Volkstradition von der Percht die Rede ist, sind damit unterschiedliche Erscheinungen gemeint. Dennoch ergeben die Befragungen, die vor etwa fünfzig Jahren im alpinen Raum durchgeführt wurden, dass die eigentliche und »echte« Percht für die Landbevölkerung nicht diejenige der Maskenläufe ist, sondern die in Mythen überlieferte Percht der Sagen. Wenn bei den unterschiedlichen Perchtenläufen meist zwölf Tänzer und Springer auftreten und in Ekstase geraten, zeigt sich die wilde Percht oft als geheimnisvolle dreizehnte Person. Oder wir erleben die

Percht als eine weiße Gestalt oder eine alte Frau des Mittwinters. Sie bestimmt das Schicksal, bringt Gaben, wird aber auch selbst von den Hausleuten bewirtet. Ihr Wesen ist zwiespältig, denn sie kann Segen oder Unglück bringen. Oft erscheint sie als Einzelgestalt, bisweilen zu zweit oder zu dritt. Immer ist sie eine Frau oder ein Mädchen, und erst später übernahmen Burschen im Perchtenlauf diese weibliche Rolle. Und nicht zuletzt ist mit dem Begriff der Percht(en) ein vielfältiges buntes Heer von Maskierten im Zuge der Frau Percht gemeint. Ursprünglich waren es jedoch nur ein Strohmann oder zwölf männliche Begleiter. Hinzu kommen die Toten der Anderswelt, die als Kinderseelen im umgehenden Heer der Percht in Erscheinung treten.

Zu diesem inneren Kreis ihrer Begleiter gehören auch typischerweise paarweise Gestalten, Angehörige zweier Gruppen, die jedoch keine Gegensätze bilden, sondern sich gegenseitig bedingen. Es handelt sich dabei um die Verkörperungen des dunklen Winters und des hellen Sommers, der finsteren Unterwelt und der lichten Oberwelt sowie der Kräfte des Todes und des neuen Lebens. Sie sind genauso ambivalent wie die göttliche Percht selbst.

Die Versinnbildlichung dieser beiden Gruppen sehen wir zum Beispiel bei den hässlichen »Schiachperchten« und den hübschen »Schönperchten«. Meistens stehen solche jahreszeitlichen Gruppen im ausführlichen Wettstreit miteinander, in dem jeweils der Frühling/Sommer über den Herbst/Winter triumphiert. Dies kommt bei den heutigen Perchten nicht

Die mythische Frau Percht

mehr zum Ausdruck. Ab dem 16. und 17. Jahrhundert heißen allgemein »Dämonen«-Umzüge einfach »Perchten«, was eine gewisse Verwilderung des Brauches verdeutlicht. Schon damals gab es junge Männer, die in der Dunkelheit von Haus zu Haus zogen, um »böse Geister« zu vertreiben. Sie waren mit rußgeschwärzten Gesichtern und hölzernen Masken unterwegs. Oder die Burschen jagten die »schreckliche« Percht aus dem Land. Dabei wählten sie einen Jungen, der sich als Frau Percht vermummte und eine einfache Holzmaske trug.

Mancherorts ist die Percht in der Vorstellungswelt der Menschen noch eine mächtige Gestalt. Man glaubt in Kärnten, dass sie in der Zeit der Rauhnächte durch die Lüfte braust. Mit ihr ziehen im nächtlichen Zug der »wilden Jagd« die Kinderseelen der Verstorbenen, die in der christlichen Umdeutung als »ungetaufte Kinder« betrachtet werden. Der Perchtenzug und sein Gefolge bewirken das Gedeihen der Saat und bieten Menschen und Tieren Schutz. Reicht man ihnen Gaben wie Speis und Trank, so erhält man im Gegenzug ihren Segen. Wird diese jedoch verweigert, bringen sie Verderben ins Haus.

Im Lavanttal war es Brauch, der Percht am Weihnachtsabend ein Mahl zu bereiten. Dieses bestand aus einer Schüssel süßer Milch, die auf den Tisch gestellt wurde. Jedes Mitglied der Familie legte nun seinen Löffel hinein. Am Morgen war die Hausgemeinschaft schon ganz neugierig. Hatte die Percht von der Milch genommen, war das ein gutes Zeichen. Demjenigen jedoch, dessen Löffel nach oben gekehrt war, drohte Ungemach. In alten Zeiten setzte die Bäuerin in dieser Rauhnacht eine Schüssel auf die Holzlage vor das Haus. Sie gab von jeder Speise einen Löffel voll hinein, damit die umgehende Alte (Boba, Perchtl) sich daran sättigen konnte.

Zur gleichen Zeit begeht man in der Gegend von Greifenburg in Kärnten folgenden Brauch: Dort legt man auch heute noch einen angeschnittenen Brotlaib, ein Messer und eine ungezählte Geldsumme auf den Tisch. In der Nacht kommt die Frau Percht, schneidet vom Brot ab und segnet es. Über das ganze Jahr hinweg herrscht dann kein Mangel an Brot und Geld.

In Uggowitz im Kanaltal, im Dreieck von Kärnten, Italien und Slowenien, gibt es einen weiteren schönen Rauhnachtsbrauch. Nach dem Räuchern an Weihnachten legt die Bäuerin drei Brotlaibe, Salz und ein Messer auf den Tisch und deckt alles mit einem weißen Tuch zu. Die Stube bleibt erwärmt und durch ein Nachtlicht beleuchtet, damit sich die saligen Frauen – womöglich eine Spielart der Percht im Slowenischen die »bozje porodnice« (die göttlichen Geburtshelferinnen) – wärmen und satt essen können. Diese besuchen nach dem Volksglauben in den heiligen zwölf Nächten die Häuser. Am Silvesterabend legt die Bäuerin nach dem Räuchern nur zwei Brotlaibe und in der Perchtnacht vor Dreikönig nur noch einen Laib auf den Tisch.

Die weiße Péhtrna

In Zell im Rosental erscheint die mythische Ahnfrau unter dem Namen Péhtrna. Sie ist nicht schwarz und hässlich, sondern hat ein weißes Kleid an und trägt einen Schleier vor dem Gesicht. In einer Hand hält sie eine Axt, in der anderen einen Sack, worin Gaben für die Kinder sind. Üblicherweise verkleidet sich heutzutage die Mutter als Péhtrna. Diese kommt auf einmal in die Stube und streut Nüsse, Bonbons und Dörrobst auf den Boden. Danach verschwindet sie wieder, und die Kinder stürzen sich auf die Gaben. Während dieser Zeit zeichnet der Vater in der Mitte der Stube einen Kreis auf den Boden und stellt einen Schemel hinein. Da öffnet sich wiederum die Tür, und die Péhtrna setzt sich eine Weile auf den Schemel. Schließlich steht sie auf, geht zum Tisch mit den Weihnachtsbroten, welche sie segnet. Die Weihnachtsbrote werden von ihr symbolisch mit der Axt zerteilt. Ebenso segnet sie die Anwesenden, bevor sie wortlos entschwindet.

NONNER PERCHTEN

Es gibt im Alpenraum nur noch wenige Orte, wo die Percht im Umzug auch wirklich als Figur auftritt. Eine solche Ortschaft ist Nonn im Nordwesten von Bad Reichenhall. Die »Nonner Perchten« begehen ihren Umzug jeweils am Abend des 5. auf den 6. Januar. Es sind unverheiratete junge Männer ab 18 Jahren, die eine zuvor festgelegte Route von Haus zu Haus laufen. Bekleidet sind sie mit weißen Hemden, und ihre Gesichter und Hände sind mit Ruß geschwärzt. Um die Hüften haben sie Kuhglocken geschnallt, und auf dem Kopf tra-

gen sie Fellhauben mit Hörnern. Angeführt wird die Schar von der Frau Percht. Diese erscheint jedoch heute in einem weißen Bischofsgewand und mit einer Bischofsmütze. Ihr Gesicht ist nicht mit Ruß geschwärzt, außerdem trägt sie als Einzige eine kleine Glocke, den sogenannten Singer. Bei jedem Haus laufen die Perchten lärmend drei Runden. Danach halten sie inne, und die Frau Percht tritt hervor. Sie wird auch Perchtmutter genannt und wünscht der Hausgemeinschaft »Viel Glück im Haus, im Stall und überall«.

GOLLINGER PERCHTEN

In Golling südlich von Salzburg wurde um 1996 eine Perchtengruppe gegründet, nachdem sich verschiedene Einheimische wieder auf diese Tradition besonnen hatten. Man wusste, dass die Häuser jeweils am Abend des 5. Januars besucht wurden, jedoch gab es einige Schwierigkeiten herauszufinden, wie zum Beispiel die Frau Percht auszusehen hat – dies obwohl die Eltern und Großeltern den Gründern von der Percht erzählt hatten. Es fehlte an einer Maske, die als Vorlage hätte

Die mythische Frau Percht

dienen können. Zufälligerweise fand eine Mitbegründerin dann auf einem Flohmarkt eine alte Holzmaske der Frau Percht. Anhand dieser Maske wurde eine originalgetreue Figur erstellt, die zum ganzen Erscheinungsbild der alten Frau passte: Sie hat langes, helles Haar aus Flachs und ein dunkelrotes Kopftuch. Dazu einen Kittel, eine Bluse, eine graue Strickjacke und ein Schultertuch. Sie besitzt einen Besen, hat eine große Schere sowie Nadel und Faden in den Farben Rot, Weiß und

Schwarz, die das Leben oder den Tod symbolisieren sollen, dabei. Als eine alte Bäuerin von der Neugründung der Perch-

tengruppe erfuhr, konnte sie den Neulingen noch einiges berichten: So sei sie als Kind selbst »perchteln« gegangen. Ihre Großmutter habe sie ausgestattet und zurechtgemacht, dann verließ sie als Frau Percht das Haus und klopfte bei den Nachbarn an, um nach dem Rechten zu schauen und um Gaben zu bitten.

RAURISER PERCHTEN

In anderen Gegenden zeigt sich die Percht in einer Mischform, ist halb Mensch und halb Tier, so zum Beispiel in Rauris im Bezirk Zell am See im Salzburger Land. Jeweils in der Nacht des 5. Januars gehen die Schnabelperchten von Haus zu Haus. Die Vogelgestalten haben aus Holzstäben und Leintüchern gefertigte Schnäbel, tragen alte Frauenkleider, einen Korb und Strohschuhe, haben eine Kehrichtschaufel und riesige Scheren dabei. Es sind junge Burschen, die in Gruppen von vier oder fünf mit einem schauerlichen »Gah, Gah, Gah« in die Häuser eintreten und nachschauen, ob alles sauber geputzt ist. Vor allem die Küche wird ausgiebig untersucht. Am Ende des Besuches kehrt eine der Schnabelperchten symbolisch den Boden der Stube. Dies soll das »Unreine« fortfegen. Aber würde die Schnabelpercht irgendwo Schmutz finden, würde sie den Faulen mit der Schere den Bauch aufschlitzen. Am Ende des Besuchs erhalten die Schnabelperchten ihre Belohnung in Form von leckeren Gaben. In

Die mythische Frau Percht

Rauris erzählt man sich, dass in der Perchtnacht die Frau Percht stürmisch durch das Tal zieht und die fleißigen Leute beschenkt.

Die tanzenden Tresterer

Im Salzburger Pinzgau gibt es verschiedene Perchtengruppen, in denen die wilden Perchten und die schönen Perchten auftreten. Die Schönperchten nennt man bei diesem Brauch die Tresterer. Sie bilden eine Gruppe von Männern, die einen rhythmischen, stampfenden Tanz aufführen. Charakteristisch für die Tänzer ist die rote, opulent verzierte Kleidung sowie deren weiße Federkronen, von denen bunte Bänder herabhängen. Anhand der Ausstattung der Tresterer vermutet die Musik- und Tanzforschung Einflüsse aus dem südlichen Europa, so zum Beispiel aus dem venezianischen Karneval. Wie jedoch Ideen und Muster ihren Weg ins Pinzgau gefunden haben, lässt sich nicht mehr genau nachweisen. Es ist aber unbestritten,

dass sich in diesem Tanz verschiedenste Elemente und Stile durchdringen und zu einem einmaligen Brauch geführt haben. Die bekannte Perchtengruppe von Zell am See besteht aus den Furcht erregenden Schiachperchten, die der Gruppe lärmend vorangehen. Dann folgen verschiedene Gestalten wie Lapp und Lappin, Geißer und Habergeiß, Zapfen- und Werchmandl, Krapfenschnapper, Hanswurst und schließlich die Schönperchten, die als Tresterer auftreten, und ganz am Schluss des Zugs geht die Hühnerpercht. Jede Figur hat dabei ihre besondere Funktion. So legt zum Beispiel die Hühnerpercht nach dem Tanz der Tresterer in der Mitte der Stube ein Ei auf den Boden. Es soll das immer wieder neu entstehende Leben symbolisieren. Diese rituelle Handlung bildet nach der Vorführung den Schlussakkord. Eröffnet wird der Tanz jeweils durch den eine Narrenkappe tragenden Hanswurst. Er sagt einen Spruch auf, zieht einen Kreis auf dem Boden und »schlägt« ein Kreuz mit seiner »Leberwurst« darin. Damit ist der Tanzplatz für die Tresterer vorbereitet, deren Tanz der Hausgemeinschaft Glück und Segen, dazu Fruchtbarkeit und reiche Ernte auf den Feldern verheißt. Und nicht zuletzt kündigen die Tresterer auch den nahenden Frühling an. Dieses Motiv findet sich auch

bei den sogenannten Morristänzern in England. Auch sie haben ähnliche Tücher wie die Tresterer im Pinzgau. Durch deren Herumschwenken während des Tanzes sollen die Frühlingsgeister angelockt werden.

Heute finden die Tänze der Zeller Tresterer üblicherweise an den drei Donnerstagen vor Weihnachten, vom 5. Dezember bis zum 6. Januar statt, sowie an der Wintersonnenwende (Thomastag) in den Bauernhöfen um Zell sowie am Perchtentag (6. Januar) in der Zeller Innenstadt. Es gibt jedoch ältere Berichte, wonach der Tanz früher nur in der Zeit der Rauhnächte aufgeführt wurde, das heißt an den Abenden zwischen Weihnachten und der Perchtnacht. Auch wurde da nicht nur in der Stube oder auf dem Vorplatz der besuchten Häuser getanzt, sondern auch draußen auf den Feldern der Bauern. Dazu wurde der Schnee weggeräumt, damit die Tänzer die Flur berühren und auf den Boden stampfen konnten. Das sollte die Fruchtbarkeit der Felder fördern. Das ist sicher mit ein Grund, warum sich heute die einheimischen Familien bereits im Sommer bei den Tresterern melden, damit sie im Winter ihre Höfe besuchen. Mehrere Protokolle aus dem 19. Jahrhundert belegen, dass vor allem die hässlichen Schiachperchten, welche die Tresterer begleiten, sehr wild auftraten und in der Ekstase unheimliche Leistungen vollbrachten. Es wird immer wieder von den hohen Sprüngen der Perchten berichtet. So sollen sie an die Stubendecke oder über Gräben und Zäune gesprungen sein. Sogar über die Brunnen oder bis zu den Hausdächern. Die wesenhafte Maskierung, der anstrengende Tanz und das wilde Verhalten brachten sie in einen Zustand der Ekstase, bei dem sie nicht nur übermenschliche Kräfte entwickelten, sondern auch der eigentlichen Percht begegneten. In ihrer Wildheit sahen sie daher eine sonst unsichtbare überzählige Gestalt, die sie als eine Percht erkannten – es war »der Alte« oder die mythische Frau Percht selbst. Vielfach erzählte man sich, es tanzten einst zwölf Perchten, und die dreizehnte Percht habe sich plötzlich unter die Gruppe gemischt. Doch die Wildheit und der Überschwang war kein Selbstzweck. Denn je höher sie sprangen, desto besser gediehen die Feldfrüchte im nächsten Jahr.

Diese naturmagische Handlung sehen wir auch bei den Tresterern. Man sagt nämlich von ihnen, so hoch sie springen oder »fliegen«, so hoch stehe das zukünftige Getreide im Feld. Das erklärt auch, warum sie während des Tanzes immer wieder wie die Auerhähne in die Höhe schnellen und warum das rhythmische Tanzen und das feste Stampfen ursprünglich auf den Feldern gepflegt wurde. Beides soll die Lebenskraft der Ahnenwesen aus der Unterwelt fördern und die Korngeister der Felder wecken, damit sie das Wachstum der Fluren bewirken. Das Lärmen hat also ursprünglich nichts mit dem Vertrei-

Die tanzenden Tresterer

ben von »bösen Geistern« zu tun. Gewiss gibt es Bräuche, in denen das Tosen die Ankunft der Wesen aus der Anderswelt ankündigt – der sogenannte »Höllenlärm« – oder den Winter vertreiben soll. Aber gerade beim Winteraustreiben steht dahinter wiederum der Gedanke, die Naturkräfte des Frühlings zu fördern.

Neujahrsbräuche

Wie wir gesehen haben, sind die Bräuche zur Weihnachtszeit sehr vielfältig, und auch an Silvester und Neujahr gibt es vielerorts unterschiedliche Rituale. Diese stehen ganz im Zeichen des Übergangs: Man lässt das alte Jahr hinter sich und erlebt in den Tagen zwischen den Jahren eine Übergangszeit, in der man neue Orientierung erfährt. Orakel und Voraussagen spielen dann entsprechend eine bedeutende Rolle, dazu kommen Segens- und Glückwünsche.

Wie in den übrigen Rauhnächten werden wie an den anderen Rauhnachtstagen auch an Neujahr die Naturvorgänge besonders genau beobachtet. Man sagt, dass das Wetter an diesen Tagen dem der kommenden zwölf Monate entsprechen wird: Ist es stürmisch, sonnig oder regnerisch, wird auch das Wetter in den nächsten Monaten so sein. Zu diesen Prophezeiungen kommen in manchen Regionen noch naturmagische Handlungen hinzu, die meistens mit den Elementen oder Naturwesen zusammenhängen.

So war es zum Beispiel im Züricher Oberland Brauch, dass die Bauern zum Jahreswechsel auf Bretter schlugen und so das alte Jahr »aus-« und das neue Jahr »eindreschten«. Dabei war der Schall bedeutsam: Je lautstarker er war, desto fruchtbarer würden die Felder und Tiere im neuen Jahr sein. Das Bretterschlagen war auch im Kanton Aargau üblich, wo der Brauch vor allem das Getreide gedeihen lassen sollte. Im Emmental legte die Bäuerin an Silvester einen Laib Brot und ein Messer auf den Tisch, um die »Hausgeister« (Ahnenseelen) günstig zu stimmen.

SILVESTERKLÄUSE

In der Ostschweiz im Kanton Appenzell besuchen zur Jahreswende weder die Frau Percht der Ostalpen noch die Mittwinterfrau Chlungeri die Menschen, sondern die Silvesterkläuse. Ihren Umzug begehen die einzelnen Gruppen jeweils zweimal, nämlich am 31. Dezember und am 13. Januar, an den Tagen also, die entweder nach dem alten (julianischen) oder dem neuen (gregorianischen) Kalender den Silvestertag bezeichnen. Mit mächtigen Glocken und bunten Kostümen

Neujahrsbräuche

gehen die Maskierten in kleinen Gruppen von Haus zu Haus, singen (»zauern«) einen Naturjodler und wünschen den Bewohnern ein gutes Jahr. Den Brauch üben nur (junge) Männer aus, auch wenn sie feminine Masken und Frauenröcke tragen. An ihrer Tracht und an ihren ausgefeilten riesigen »Hüten«, auf denen mit kleinen Figuren Alltagsszenen nachgebildet werden, arbeiten die Burschen und Männer das ganze Jahr über, und zwar mit solcher Hingabe, dass sie den Silvesterlauf kaum erwarten können. Selbst für diejenigen, die auswärts wohnen und jeweils heimkehren, um das Klausen zu pflegen, ist die Ausübung dieses Brauches der schönste Tag des Jahres.

Unter den Silvesterkläusen lassen sich drei Gruppen feststellen, die jeweils in männlicher und weiblicher Gestalt auftreten, doch stets von Männern verkörpert werden. Es sind dies einmal die »Schönen«, die mit reich verzierten Kopfbedeckungen und einer farbigen Kleidung besonders ins Auge stechen. Dann zeigen sich die Schön-Hässlichen (»Schö-Wüeschte«) in einem Kostüm bestehend aus Naturmaterialien wie Tannenreisig und Moos. Ihre Kopfbedeckung gleicht denen der Schönen und besteht ebenfalls aus Naturmaterialien. Die Hässlichen (»Wüeschte«) schließlich tragen ein grob gewirktes Kostüm aus Moos und Reisig. Sie gleichen Naturgeistern und gebärden sich sehr wild. Die erste schriftliche Erwähnung des Klausens stammt aus dem Jahr 1663. In einer Schrift der kirchlichen Obrigkeit wird das laute Herumlaufen in der Nacht angeprangert. Von 1776 bis 1808 wurden in Appenzell Innerrhoden die ausübenden Männer mit einer hohen Geldbuße bestraft, was dazu führte, dass der Brauch bald ausstarb und nur im benachbarten Außerrhoden weiterbestand. Jedoch gab es Widerstand, und bis um 1900 pflegte man das Klausen auch in Innerrhoden weiter – im Verborgenen oder von der lokalen Obrigkeit widerwillig geduldet.

Über die Herkunft des Brauches gibt es verschiedene Theorien. Ich möchte hier aber nur auf interessante Parallelen zu den Ostalpen hinweisen. Sowohl die Silvesterkläuse als auch die Perchten gehen von Hof zu Hof und besuchen die Hausgemeinschaft, wo sie springen, lärmen und singen sowie den

Menschen Segen und Glück wünschen. Daher sind sie auch Glücksbringer und Gabenspender, was ihnen die Leute ihrerseits mit kleinen Gegengeschenken danken. Aufschlussreich ist auch der Name. So heißen sie zwar »Kläuse«, doch unter ihnen ist kein einziger Nikolaus auszumachen. Ebenso fehlt wie bei den meisten Perchtengruppen heute die eigentliche Hauptperson, nämlich die mythische Mittwinterfrau, sei diese die Percht oder die Chlungeri. Sie ist die göttliche Ahnfrau, die mit den Toten- und Kinderseelen sowie mit den Naturwesen aus der Anderswelt über das Land zieht und den Feldern ihre Lebenskraft schenkt. In dieser großen Wende wandelt sie sich von der hässlichen Alten zum wunderschönen Mädchen, das wir bald im Frühling erblicken. Und nicht zuletzt fällt die Ekstase der Burschen auf, welche die Perchten und Kläuse bei ihrem wilden Treiben erleben. Daher kann man die Anfänge des Klausens in einem alten Rauhnachtsbrauch sehen, der sich mit der Zeit veränderte und neue Elemente aufnahm.

HARDER-POTSCHETE

Einen solch veränderten Brauch entdecken wir auch im Berner Oberland in Interlaken. Dort wird jeweils am 2. Januar, dem sogenannten »Bärzelistag« (Berchtoldstag), der Umzug der »Harder-Potschete« gefeiert. Dabei zieht ein riesiges Gefolge lärmend und vermummt durch die Gassen. Hauptgestalten sind der Hardermann und sein Weib sowie die sonderbaren Maskierten, die »Potschen« genannt werden. Auf diese Weise wird Harder-Potschete seit etwa 60 Jahren gefeiert.

Im Zentrum des Brauches stehen die »Potschen«. Das sind Schweinsblasen, welche sich die jungen Burschen in der Region Interlaken bei den ortsansässigen Metzgern besorgen. Sie werden von den Jungen am Berchtoldstag aufgeblasen und dazu verwendet, einander zu verprügeln. Der Name »Potschen« hat sich dann nach und nach auf die Maskierten selbst übertragen.

In einer früheren Form des Brauches zogen maskierte Jugendliche von Haus zu Haus, um Gaben zu erheischen. Die Vermummten repräsentierten dabei die Toten. Damals zogen sie nicht nur durch die Gassen, sondern auch zum ehemaligen Kloster von Interlaken. Dort forderten sie ihre übliche »gute Jahresgabe«, die aus Brot, Wein und einer Münze bestand. Diese Sitte wurde »Chlummeln« genannt, und daraus entstand auch der Name der Maskierten, die »Chlummler« hießen.

Gemäß diesen Überlieferungen liegen die Wurzeln des Brauches in einem alten Totenkult. Schon mehrmals haben wir gesehen, dass es einst von November bis Neujahr üblich war, die Verstorbenen ins angestammte Heim einzuladen, oder die Ahnenwesen kamen während der Nacht zu Besuch. Der Tisch wurde gedeckt, und die Seelen erhielten Speisen und Gaben. Die Einkehr der Toten wurde gerne gesehen, denn sie segneten die Speisen, schenkten dem Haus Glück und schützten die Gemeinschaft. Im Brauchtum repräsentierten dann Maskierte diese Ahnenwesen, die aus der Anderswelt kamen. Allmählich übernahm auch das Kloster die Totenspeisung, so-

Neujahrsbräuche

dass sich die unmittelbare Ahnentradition veränderte. Erhalten blieb der Heischebrauch, das heißt, die Vermummten zogen zu den Familien, wo sie eine Gabe erhielten.

Den Schlüssel für den archaischen Brauch finden wir im Wort »Chlummeln«. Was bedeutet diese Bezeichnung sowohl für den Brauch als auch für die Ausführenden selbst? Das Verhältnis der beiden Ausdrücke *Chlummeln* und *Chlummler* steht genau in gleicher Beziehung wie zwischen der *Percht* und dem *Perchteln*, was ja »maskiert umgehen« bedeutet oder besser noch »im Zuge der Percht maskiert umgehen«. Nur heißt eben im Alemannischen die Mittwinterfrau nicht Percht, sondern Frau

Chlungeri. Dabei ist die Wortgeschichte recht aufschlussreich. Ein »Chlummli« meint im Schweizerdeutschen einen Rocken- oder Fadenknäuel, und ein »Chlungli« ist im übertragenen Sinn eine dicke Person. Daraus ergibt sich die Bedeutung für *Chlummler*, das eine »in Lumpen und Fetzen vermummte, weibliche oder männliche Person« bezeichnet. Zu dieser Wortgruppe gehört auch die »Chlungeli«-Nacht – also die Nacht, in welcher die Frau Chlungeri umgeht. Dies geschah meistens am 23. Dezember oder in der letzten Nacht vor Silvester. Während dieser Zeit gingen maskierte Burschen als »Chlungeli« von Haus zu Haus und ließen sich bewirten. Sie trieben allerlei Schabernack, indem sie zum Beispiel in die Stuben der Spinnerinnen eindrangen und es auf die Spindeln abgesehen hatten. Manchmal brachten die Vermummten selber Spinnstöcke mit.

Damit liegt nahe, dass die *Chlungeri* eine Spinnstubenfrau ist: die Weberin des Schicksals an Mittwinter. Das *Chlummeln* in Interlaken bedeutete einst, dass Frau Chlungeri mit ihrem gleichnamigen Totenheer und den Kinderseelen in einem wilden Zug in den Rauhnächten umging. Sie besuchte des nachts die Menschen und schenkte ihnen ihren Segen. Und auch die Ahnenwesen in ihrem Gefolge kehrten ins Haus ein. Später sehen wir in diesem Totenkult dann nur noch Vermummte, die ihr Recht auf eine Jahresgabe am Berchtoldstag einforderten. Dies geschehe, um die Totengeister »zu besänftigen«, heißt es manchmal.

Um 1956 wurde der Brauch neu geformt. Man beschloss, dem ausufernden Potschen ein neues Gesicht zu geben. Die

Masken wurden in einen Umzug eingebunden, der an den ehemaligen Heischebrauch erinnern soll. Zudem kombinierte man das alte Ritual mit der lokalen Überlieferung des Hardermannes. Daher sehen wir an der Spitze des Zuges den maskierten Harder und seine Frau vorangehen.

Doch der Hardermann ist nicht nur eine Maskengestalt, sondern auch ein landschaftliches Phänomen, das als natürliches Felsgesicht bekannt ist. Sein Gesicht thront an einer Felswand oberhalb von Interlaken und ist je nach Lichteinfall ausgeprägt zu erkennen. Dazu gibt es eine Geschichte:

Der Hardermann

Einst ging ein Mönch aus dem Kloster im Wald spazieren. Er gelangte an den Hang des Harders, wo er eine junge Frau beim Holzsammeln erblickte. Voller Begierde stellte er ihr nach, doch sie hatte den Mönch schon gesehen und rannte verängstigt davon. In ihrer Not sprang sie über die Klippen und fand dabei den Tod. Der Mönch blieb erschrocken stehen, doch ein Donnern und Blitzen verwandelte ihn sogleich in Stein. Er muss nun für ewige Zeiten als Hardermann im Bergfels gebannt bleiben.

Perchtnacht und Dreikönig

Der Dreikönigstag am 6. Januar ist heute geprägt von den drei Weisen aus dem Morgenland, die zu dritt oder als Sternsinger die Höfe besuchen und den Haussegen wünschen. Bevor sie weiterziehen, schreiben sie mit Kreide über dem Hauseingang die Jahreszahl, drei Buchstaben (C/K – M – B) und machen drei Kreuze, die als Schutzzeichen gelten. Die Kreide selbst ist geweiht, und diese Handlung gilt als eine Art Segen für die Bewohner und die Tiere im Stall. Ein Blick in die Vergangenheit dieses Brauches zeigt, dass die Kirche den Dreikönigsbrauch eingeführt und gefördert hat, um einen alteingesessenen Rauhnachtskult zu verdrängen. Genauso wie an die Stelle der einheimischen Lutzelfrau die heilige Lucia trat, sollte auch die dreigestaltige Percht durch die Heiligen Drei Könige ersetzt werden. Dies gelang in der ländlichen Volkstradition nur sehr zäh, da die Menschen an ihren seit Generationen gepflegten Bräuchen festhielten und es sich mit der mächtigen Ahnfrau, der Percht, auch nicht verderben wollten. In der Folge entstand ein vielschichtiger Brauch mit christlichen und mythologischen Anschauungen, wobei die naturmagischen Spuren des Ritualbrauches nie ganz verschwunden sind. Zudem gab und gibt es am 5./6. Januar nebenchristliche Traditionen, die der Arm der Kirche nicht erreicht hat. So ziehen zum Beispiel in einigen oberbayerischen Gebieten am 6. Januar drei Frauen umher, die als Berchten bezeichnet wurden. Und auch im Alpenrheintal gingen einst nicht drei Könige, sondern drei Frauen von Haus zu Haus. Kaum bekannt ist, dass dieser Tag ursprünglich Perchtentag genannt und das heilige Fest in der Nacht des 5. Januars gefeiert wurde. Es ist die besondere dritte Rauhnacht, die man auch Perchtnacht nennt, sowie den Tag und den Abend selbst »der Oberste«. Das hängt wahrscheinlich damit zusammen, dass für die Bauern mit diesem Datum das neue Jahr beginnt und die Zwölften enden – jene zwölf Tage von Weihnachten bis zum Perchtentag, die Zeit zwischen den Jahren. Daher heißt dieser Tag nicht nur der Oberste, sondern auch »der Zwölfer« oder das »große Neujahr«. An diesem Abend wird viel gegessen, vornehmlich von drei Speisen, daher auch der Name »Dreimahlnacht«. Dabei war es Brauch, von jeder Speise für die Percht etwas übrig zu lassen und davon etwas auf das

Hausdach zu stellen. In der Nacht kommt dann die »Perchtl« und isst davon, sagt man. Andernorts wirft man an diesem Abend Käse für sie in den Bach oder von jeder Speise einen Löffel voll ins Feuer. In der Obersteiermark lassen die Frauen der Percht etwas von der sogenannten Perchtenmilch übrig – eine Milch, die besondere Fruchtbarkeit bewirkt. Üblicherweise wird die Percht als wildes, zerlumptes altes Weib beschrieben, doch im Salzburgerland erscheint sie im blauen Kleid und geht von Haus zu Haus, wo sie Gaben erhält. In Kärnten hält man die Pechtra hingegen auch für den Winter, der verjagt werden soll.

Aus dem Brixental in Tirol gibt es verschiedene Hinweise, dass die Percht am Dreikönigsabend mit ihrer Schar von Haus zu Haus zieht. Die Bäuerin bereitet an diesem letzten Rauchabend sogenannte Perchtenkrapfen zu. Etliche davon werden der »Perchtl« als Opfer in den Hauseingang gestellt, damit sie mitgenommen werden können. Die Bäuerinnen übten diesen Brauch gerne aus, denn sie glaubten, wenn die Perchtl die Krapfen nimmt und isst, dann geht sie über das Flachsfeld, und der Flachs wird im kommenden Sommer gut geraten. Dann, so die Vorstellung, würde man einen besonders schönen, feinen Zwirn spinnen können.

Außerdem reitet die Percht durch die Luft. Sie hat verschiedene Rastplätze, jedoch besonders gerne lässt sie sich auf Baumstümpfen nieder, aus denen drei Kreuze oder ein Drudenfuß ausgehackt sind. Zu diesen erzählt man sich folgende Geschichte:

Drei Kreuze am Baum

Die Percht war einmal sehr müde, nirgends fand sie einen Rastplatz. Endlich erblickte sie einen Baumstock, aus dem drei Kreuze ausgehackt waren. Sie setzte sich darauf, und als sie ausgeruht hatte und weiterzog, sagte sie: »Baum wachse, werde eine Wiege und lass Glück daraus schreien.« Der Baumstock fing an zu sprießen, und schnell wuchs ein stattlicher Baum; er wurde gefällt, und aus seinem Holz machte man eine Wiege, und kein Kind, das in dieser Wiege gelegen hatte, starb ohne Nachkommenschaft.

Zum Brauchtum der Dreikönigszeit gehörte ebenfalls das Perchtenspringen. Dabei vermummen sich junge Burschen und springen über Felder und Äcker. Die Bäuerin freut sich darüber, vor allem wenn die Vermummten über die brache Erde springen, wo im Frühjahr der Flachs gesät wird. Ein Spruch dazu sagt: »Wie der Perchtensprung am Haarfleck, so wächst das Haar (der Flachs).«

Aus diesen Schilderungen geht hervor, dass die Percht den Flachs wachsen lässt, indem sie über die Felder geht. Sie bewirkt dies, indem sie mit ihren Füßen aufstampft und über den Acker schreitet. Durch ihre Lebenskraft werden die Felder fruchtbar. Ebenso springen die Perchtenspringer über die Äcker und tun es der Percht gleich. Durch das naturmagische Springen soll der Flachs gut gedeihen, was uns an das Stampfen und Tanzen der bunt geschmückten Tresterer erinnert.

MAGISCHES HAUSZEICHEN K+M+B

Wie schon an Weihnachten und am Silvesterabend werden auch in der Perchtnacht sämtliche Räume des Hofes ausgiebig geräuchert. Im Viehstall schwenkt die Bäuerin die Räucherpfanne über jede einzelne Kuh, und nach der Räucherung des Hauses setzt nicht einer der drei Könige mit der Kreide das Schutzzeichen, sondern der Bauer. Er schreibt über die Türen des Hauses drei Buchstaben mit der Jahreszahl und drei Kreuzen: 20K+M+B+15. Manchmal wird statt dem K ein C geschrieben, und das zweite Kreuz steht über dem M. Das magische Zeichen bleibt bis zur Perchtnacht im nächsten Jahr stehen und soll gemäß dem Volksglauben »böse Geister« abwehren.

Überblickt man nun die Naturrituale der Perchtnacht, so stellt sich die Frage, ob die Buchstaben K/C+M+B wirklich auf die Namen der drei morgenländischen Könige Kaspar, Melchior und Balthasar zurückgehen. Dass dieses Schutzsymbol ein rein christliches Zeichen sein soll, vertritt in der Brauchtumsforschung heute kaum noch jemand. In der Volkstradition gibt es die Deutung mit den drei Königsnamen, aber auch eine Herleitung von den drei Schutzheiligen Katharina, Margaretha und Barbara. Manchmal werden die Kürzel sogar als »Cathl machs Bett« verstanden, wobei gerade bei »Bett« eine dunkle Erinnerung an die keltischen Muttergöttinnen mit dem Namen *Bethen* mitschwingen dürfte. So zum Beispiel im Nordtiroler Weiler Obsaurs im Oberinntal, wo in der Vigilkirche ein Gemälde der drei heiligen Jungfrauen Ambett, Gwerbett und Wilbett zu entdecken ist. Oder im Südtiroler Klerant auf 851 Metern Höhe mit einem wunderbaren Blick auf das Eisacktal. In der Nikolauskirche sind an der Decke die drei heiligen Ampet, Gewer und Bruen abgebildet. Außerdem sei Meransen im Pustertal erwähnt, wo eine Aubet mit ihren beiden Schwestern Cubet und Quere (Guere) in einer Prozession verehrt wird. Alle diese Frauendreiheiten sind kulturgeschichtlich verwandt mit den keltisch-römischen Matronen, denen Weihesteine von Norditalien bis nach Britannien gestiftet wurden. Oder mit den nordeuropäischen Nornen, den römischen Parzen und den griechischen Moiren. Sie sind drei Schicksalsgöttinnen mit dem Lebensfaden, den sie jedem Menschen zuteilen.

Womöglich steckt hinter den drei Buchstaben über dem Hauseingang ein Zeichen der drei Schicksalsfrauen, zu denen auch die drei Saligen sowie die Mittwinterfrau Percht gehören, die ebenfalls in einer Dreiheit erscheinen kann. So zum Beispiel als drei vermummte Mädchen. Schon 1896 schreibt der österreichische Volkskundler Johann Krainz einen Bericht, den er in der Zeitschrift für österreichische Volkskunde II veröffentlichte, der auf ihre alte Kultdreiheit hinweist: »In der nordöstlichen Steiermark gibt es gar ›Heilige Dreikönigssängerinnen‹; drei Mädchen, eines weiß, das zweite rot und das dritte schwarz gekleidet, geben sich als die Heiligen Drei Könige aus dem Morgen-, Mittel- und Abendlande aus, singen ein Dreikönigslied und nehmen dann die ihnen gereichten Geschenke dankend entgegen.«

Diese frühe Schilderung ist eine wichtige Ergänzung zum weiblichen Perchtenkult, da im steirischen Ennstal im Gebiet der Orte Stainach, Irdning, Aigen und Öblarn noch bis in die 1960er Jahre in der Perchtnacht drei Mädchen umgingen. Sie waren weiß, rot und schwarz gekleidet. Entweder hatten sie einen Gesichtsschleier, oder sie erschienen mit dem archaischen Haarschleier, das heißt, sie hatten ihre langen Haare nach vorne gekämmt, sodass sie dadurch völlig vermummt waren. Schon alleine diese Beispiele zeigen, wie stark der Dreifrauenkult in den Rauhnächten vertreten war, den die Kirche mit den drei Königen nicht nur »verchristlichte«, sondern schrittweise auch »vermännlichte«.

Lichtmess und Brotwerfen

Zu Lichtmess Anfang Februar wird allmählich der Bauernwinter und die dunkle Jahreszeit verabschiedet, die mit Allerseelen eingeleitet worden war. Wie wir bereits gesehen haben, werden im Oktober und November Übergangsbräuche gepflegt, die den Sommer beschließen und mehr und mehr den unterirdischen Mächten Raum geben, die in den langen Nächten in Ritualen bedeutsam werden. In dieser Zeit wurde die Totenpflege besonders beachtet, ebenso Lichterbräuche und die Speisegabe für die Ahnenwesen. Sehr urtümlich sind dabei die drei weißen Opfergaben Käse, Milch und Brot, die an den Gräbern oder auf dem Hof für die Verstorbenen oder für die Percht bereitgestellt werden. Die Nächte des Winters stehen ganz im Zeichen der alten Mittwinterfrau und ihrer Seelenschar, doch sie ist doppelgestaltig, und am Ende des Winters wandelt sie sich zu einem jungen Mädchen, das wir als weiße Frühlingsgöttin kennen. Und auch hier im Übergang zu einem neuen Vegetationsjahr spielen das Licht und die Brotgabe für die Toten eine bedeutende Rolle. Denn die Ahnengeister vollziehen diesen Übergang in den Ritualen mit den Lebenden mit, indem sie entweder in die Unterwelt zurückkehren oder neu geboren werden. Außerdem nimmt die Kraft der Sonne stetig zu, und der dürre Winter muss dem grünen Frühling zunehmend weichen.

CERES UND PROSERPINA

Ein solcher Übergang zur hellen Jahreszeit bezeichnet Maria Lichtmess am 2. Februar. Doch wenn an diesem Tag die Kerzen geweiht werden, um dem Wachs eine besondere Heilkraft zuzusprechen und verschiedene Lichtmessgebäcke zubereitet werden, stehen dahinter vorchristliche Kultbräuche. Gerade im Marienkult vermischen sich vielfach römische Festbräuche und alteuropäische Traditionen, die in griechischen, keltischen und germanischen Ritualen ausgeübt wurden. So kennen wir zum Beispiel ein römisches Lichterfest, das am 2. Februar begangen wurde. Der kulturelle Hintergrund dieses Gedenktages war der Raub der Göttin Proserpina (griechisch Persephone). Sie war die Tochter der Erdgöttin Ceres

(Demeter) und wurde von Pluto (Hades) geraubt und in die Unterwelt gebracht. Ceres – in der griechischen Mythologie Demeter und Hekate – suchte darauf ihre Tochter überall mit Fackeln. Zur Erinnerung an diese Suche zogen die römischen Frauen jeweils mit Lichtern durch die Stadt. Das Ritual war ein Teil eines Mysterienfestes, bei dem die mütterliche Erdgöttin sich selbst in die schattenreiche Unterwelt zurückzog, dort neue Lebenskraft erlangte und als verjüngte Tochtergestalt beim Lichterfest wiederkehrte. Eine ähnliche hell/dunkle oder jung/alte Doppelgestalt gibt es auch in der keltischen Tradition. Dort sind es die alte Cailleach und die junge Braut Brigid, die in Irland mit dem Licht- und Feuerkult verbunden war und Anfang Februar in Gestalt einer Puppe gefeiert wurde.

Entsprechend war es in Luxemburg Brauch, dass die Mädchen an Lichtmess mit einer weiß gekleideten Puppe umhergingen und für Maria Gaben sammelten. Andernorts wurde – wie früher für eine alte Korngöttin – für sie und ihre Mutter Anna Flachs gesammelt.

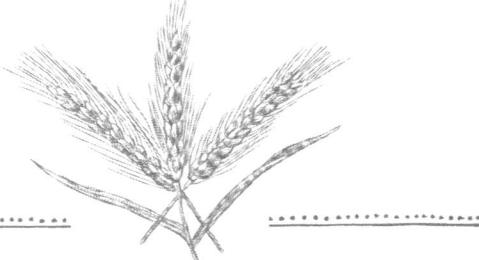

DIE KELTISCHE BRIGID

Auf den Britischen Inseln ist folgender Brauch am Tag der Brigid (1. Februar) bekannt: Die Frauen des Hauses richten ein Bündel Hafer zu einer weiblichen Puppe her. Diese Figur legen sie in einen Korb und einen hölzernen Keil daneben – es ist das sogenannte Brüdsbett. Darauf ruft die Mutter und die versammelte Hausgemeinschaft am Abend dreimal aus: »Brüd

ist gekommen, Brüd sei willkommen!« Am nächsten Morgen sieht man gleich nach der Herdasche. Wenn man die Eindrücke von Brüds Keil darin erblickt, gilt dies als Vorzeichen für eine gute Ernte. Hier ist also Brüd oder Bride oder Brigid nicht nur das lichte Frühlingsmädchen, sondern auch eine Vegetationsgöttin, die den Feldern ihre Fruchtbarkeit schenkt und die Wiesen grünen lässt. Als Kornmutter ist sie zudem mit dem Brot verbunden, und auch der Herd wird erwähnt, der als Sitz für die Ahnenwesen gilt.

Diese geheimnisvolle Feuerstelle ist auch in Schweden und

Norwegen bekannt. Dort versammelt sich an Lichtmess die Familie, und man wirft mit der Geste einer Verbeugung etwas Kuchen und Gebäck in den Ofen – gleichsam als Speisegabe für die Ahnen am Hausaltar.

Ebenso ist es in Taiskirchen (Österreich) Brauch, in dieser Zeit an die »Hausgeister« zu denken. So zündet man am Abend vor Lichtmess drei Lichter an. Eines auf dem Tisch für »unsere liebe Frau«, ein anderes unter dem Tisch für die »unschuldigen Kinder«, damit sind die Ahnen- und Kinderseelen im wilden Heer der Frau Percht gemeint, und das dritte Licht auf dem Weihwasserbecken für die »armen Seelen« oder für die Totengeister der Familie.

STRIEZELWERFEN

Die armen Seelen spielen ebenso in einem österreichischen Brotbrauch eine bedeutende Rolle. In Stein im Jauntal (Kärnten) findet jeweils am 1. Sonntag im Februar das sogenannte Striezelwerfen statt. Vor der Kirche, die auf einem markanten Felsen liegt, versammelt sich eine Menschenmenge, die schon voller Spannung auf das spezielle Gebäck wartet. Nachdem die letzten Glockenschläge der Messe verhallt sind, tragen mehrere Männer schwere Säcke voller Striezel zu einem Balkon hinauf. Von diesem burgähnlichen Gebäude werden dann die Gebäcke in die aufgeregte Menge geworfen, was ein unvergleichliches Spektakel bewirkt. Jede Person, vom Kind bis zum Greis, wird zum »Striezeljäger«, der die meisten Stücke erhaschen möchte. Das Herabregnen der Brote dauert etwa 20 Minuten, dann ist das Striezelwerfen vorbei. Jedes Gebäck, das man gefangen hat, bringt für das kommende Jahr Glück.

Der Brauch wird zu Ehren der Hildegard von Stein abgehalten, die im 10. Jahrhundert gelebt hat und eine halb historische und halb legendenhafte Frau ist, deren Todestag für den 5. Februar verzeichnet ist. Verheiratet war sie mit dem Marktgrafen Albuin. Als dieser längere Zeit abwesend war, drängte sie ihr Schwager zur Untreue. Sie wies ihn jedoch ab, worauf der Schwager sie nach der Rückkehr ihres Mannes verleumdete. Der wütende Graf warf Hildegard samt ihrer Zofe vom Schloss den Felsen hinunter. Sie wurde jedoch von Engeln aufgefangen. Eine verleumderische Magd wurde im selben Augenblick zur Strafe in Stein verwandelt. All diese Zeichen bezeugten die Unschuld der Gräfin. Als er merkte, dass er belogen worden war, ging Albuin zur Sühne auf Pilgerreise, während Hildegard als mildtätige Helferin der Armen auf Stein verblieb.

Volkskundliche Untersuchungen haben ergeben, dass die Heilige mehrere Traditionsschichten hat. Eine Spur führt in die römische Zeit zur Korngöttin Ceres (Demeter). Dann gibt es Einflüsse eines altslawischen Frühlingskultes einer Erdgöttin, die in verschiedenen Liedern als »Erd-Mutter« angerufen wird. Des Weiteren lassen sich Züge aus dem christlichen Agathakult feststellen. Diese sizilianische Heilige hat ebenfalls den 5. Februar als Gedenktag. Im Volksglauben sind vor allem

Lichtmess und Brotwerfen

die Agathabrötchen bekannt, die wie kleine Brüste geformt sind und als Heilmittel gelten. Die Striezel in Stein werden dahin gedeutet, dass sie einst eine Gabe an die Armen und Bettler gewesen seien. Diese stellen aber oft die umgehenden armen Seelen dar, die wiederum auf die Ahnenwesen im Totenkult zurückgehen. Somit könnte das Gebäck in Stein ein ehemaliges Seelenbrot sein, dessen Bedeutung sich mit der Zeit verändert hat.

Scheibenschlagen und Feuerkult

In der Region Bozen feierte man das Wiedererwachen der Natur am Funkensonntag, das heißt am ersten Sonntag nach Aschermittwoch. Am Abend trugen die Jungen große Haufen Stroh und Reisig auf den Feldern zusammen. Darauf zündeten sie diese an, wobei sie darauf bedacht waren, dass die Flammen so hoch wie möglich auflogerten. So hoch die Flammen sprangen, so hoch würden die Ähren wachsen. Auch in der Nähe von Meran brannte ein solches Feuer. Nachdem Stroh und Holz niedergebrannt und nur noch glühende Kohlen waren, sprangen Mädchen und Jungen paarweise über das rauchende Feuer. Je höher der Sprung war, desto höher wuchs im Sommer der Flachs.

Ein alter Feuerbrauch ist auch das sogenannte Scheibenschlagen im Vorfrühling, bei dem eine glühende Holzscheibe an einer Gerte nach der Abenddämmerung von einer Anhöhe aus über die Landschaft geschleudert wird. Eine erste schriftliche Erwähnung des Lichterbrauches stammt vom 21. März 1090. Dort steht geschrieben, dass das Kloster Lorsch in Deutschland durch eine glimmende Wurfscheibe in Brand geraten war. In diesem Bericht wird der Frühlingsbeginn erwähnt, andernorts übte man das Scheibenschlagen am Funkensonntag oder zur Zeit der Sommersonnenwende aus. Gegenwärtig finden wir den Feuerkult in Schwaben, im Elsass, in der Nordwestschweiz, im Glarnerland, in Graubünden, in Vorarlberg und in Tirol. Er war jedoch früher weiter verbreitet. Dafür können Flurnamen ein Indiz sein. Die Bezeichnungen auf den Karten lauten dann entsprechend: Scheibenbühl, Scheibenboden, Scheibenfelsen, Scheibenbichl oder Scheibschlagalm.

LIEBESSPRÜCHE UND LARMSTANGE

Eine der bekanntesten Regionen dieses Feuerkultes ist das obere Vinschgau in Südtirol mit den Orten Schlanders, Kortsch, Schluderns und Tartsch. Dort entdecken wir den Tartscher Bühel, der sowohl ein Feuer- als auch ein Höhenkultplatz ist. Auf dem Hügel fand man Gebäudereste der rätischen Kultur, die etwa 2500 Jahre alt sind. Auch lassen sich Rutschsteine entdecken, die in dem bereits beschriebenen Frauenritual verwendet wurden, sowie eine dem St. Veit geweihte Kirche aus dem 11. Jahrhundert. Das Scheibenschlagen wird hier auf einem in der Landschaft markanten Hügel abgehalten, der eine lange Kulturgeschichte aufweist. In den letzten Jahren wird der Brauch auf dem Bühel fol-

gendermaßen durchgeführt: Schon eine Woche vor dem Funkensonntag (auch Käsesonntag genannt) bereiten die Jungen von Tartsch die notwendigen Holzscheiben vor. Die Birkenscheiben mit einem Loch in der Mitte sind etwa zwei Zentimeter dick und in der Form rund oder viereckig. Der Durchmesser beträgt 15 bis 25 Zentimeter. Am Funkensonntag sammeln sie dann Brennholz, und auf dem Hügel wird mit Stroh umwickelten Stangen ein großes Rautengebilde aufgestellt – die sogenannte Larmstange, Kasfångga oder Hexe. In der Dämmerung schlägt man die Scheiben, die zunächst an langen Haselstecken in ein züngelndes Feuer gehalten werden. Wenn die Scheiben glühen, nimmt sie der Schläger aus dem Feuer, schwingt die Rute um die eigene Achse und schlägt die Scheibe wuchtig an einem Holzbock ab, sodass sie im hohen Bogen über die Landschaft fliegt und in der Nacht eine funkelnde Lichtspur hinterlässt. Der Junge schlägt dabei die Scheibe für seine Geliebte, was er mit einem Spruch zum Ausdruck bringt. Am Schluss wird die »Hexe« angezündet, was den Winter vertreiben soll. Je nachdem wie das Stroh brennt, gibt es ein gutes oder schlechtes Erntejahr.

Man hat herausgefunden, dass das Scheibenschlagen auf dem Tartscher Bühel in früheren Jahren im Vinschgau noch aufwendiger ausgeübt wurde. So gab es zum Beispiel nicht nur die gewöhnlichen Holzscheiben, sondern ganz spezielle »Kasscheiben«. Diese waren größer als heute üblich und auf einer Seite sternförmig bemalt. Noch vor der Abenddämmerung schlugen die Jungen diese besonderen verzierten Scheiben für die Mädchen, welche die bemalten Stücke vielleicht als eine Art Glücks- und Liebespfand aufbewahrten. Jedenfalls stellte man fest, dass die glühenden Scheiben erst nach den farbig bemalten ins Tal geschleudert wurden. Wobei die Jungen die im Feuer angeglühten Scheiben in der Dunkelheit kräftig auf einen Felsen oder auf eine Holzbank schlugen, damit die Scheibe Funken sprühend wegfliegen konnte. Der Spruch dabei war oder ist folgender:

Scheibe, Scheibe
Dich will ich nun treiben
Schmalz in der Pfanne
Kuchen in der Wanne
Pflug in der Erde
Dass die Scheibe weit raus gehen möge.

oder ein ähnlicher Reim:

Käse in der Tasche
Wein in der Flasche
Korn in der Wanne
Schmalz in der Pfanne
Pflug in der Erde!
Schau, wie meine Scheibe hinausfliegt!

Danach folgt in einem Spruch der Name des Mädchens oder der Geliebten, für welche die Scheibe geschlagen wird.

Scheib aus, Scheib ein
Flieg über'n Rain
Die Scheib, die Scheib
Soll meiner allerliebsten Anna sein.

Je weiter die Scheibe in weitem Bogen wegflog, desto größer war die Ehre für den Jungen, aber auch für das betreffende Mädchen. Als Gegengabe gab sie ihm dann an Ostern gefärbte Eier.

In Tartsch stehen heute nur zwei Feuerkulte im Vordergrund, nämlich das erwähnte Scheibenschlagen und die brennende Larmstange. Ältere Berichte beschreiben jedoch, dass diese Stange nicht nur ein Rautengebilde oder Strohgestell ist, sondern auch einer menschlichen Figur mit ausgestreckten Armen gleicht und »Hexe« (»Fängga«) genannt wird. Außerdem gab es früher als dritten Feuerkult ein Feuerrad, das den Hang herabgerollt und ebenfalls als »Hexe« oder »Kasfangga« bezeichnet wurde.

Eine Fänggin ist ein Natur- und Waldwesen, das mit den Bäumen existenziell verbunden ist. Oft ist sie behaart und gehört zu den wilden Leuten, die übermenschliche Kräfte besitzen und über das Tierreich gebieten. Sie verfügt deshalb über großes Wissen über Tiere und Pflanzen, das sich die Menschen gerne aneignen möchten. Daher ist sie auf dem Hof eine willkommene Helferin. Auch die »Hexe« ist kein dämonisches Wesen, sondern die Strohalte, die den Winter darstellt. Durch

das Verbrennen der Alten soll der Winter vertrieben werden. Dies war ein mythischer Vorgang, in dem sich die geheimnisvolle Mittwinterfrau im Übergang zur neuen Jahreszeit zu einem schönen Frühlingsmädchen wandelte. In Österreich ging einst die sogenannte Lichtmesspercht um, und auch im Vinschgau war die doppelgestaltige Percht im 19. Jahrhundert noch bekannt. Daher versinnbildlicht das Strohgestell, das einer Figur mit ausgestreckten Armen ähnlich sieht, die alte Percht, deren weibliches Symbol auch die Rautenform und das Kreuzzeichen ist. Außerdem wird sie im Stroh überzogenen Feuerrad, das als »Kasfangga« über die Flur rollt, sichtbar.

Somit können wir einiges über den Brauch des Scheibenschlagens sagen, der trotz Verordnungen über die Jahrhunderte hinweg im nebenchristlichen Bereich ausgeübt wird. Die jungen Männer schlagen die Feuerscheibe im hohen Bogen in die Landschaft, was ein naturmagisches Ritual ist. Denn damit soll die Sonne, die nach der Wintersonnenwende immer höher steigt, durch die Nachahmung der kosmischen Naturvorgänge bestärkt werden. Gleichzeitig ist der Feuerbrauch auch ein Kampf zwischen Sommer und Winter. Die glühende Scheibe verdrängt allmählich den Schnee, sodass die Wiesen

und Äcker wieder grün werden. Zudem ist das Schlagen der Scheibe auch ein Geschicklichkeitsbrauch. Durch das Ritual, das der Junge für die Naturkräfte und sein Mädchen ausübt, erfährt er zugleich eine Initiation – eine Verbindung mit der Sakralsphäre der göttlichen Ahnfrau, die im Aspekt des weißen, schönen Frühlingsmädchens erscheint. Daher ist der Frühlingsbrauch auch ein Fruchtbarkeitsbrauch, in dem die Kraft der Liebenden mit den Naturkräften der Landschaft einhergehen. Das Mädchen des Jungen repräsentiert dabei sowohl die irdische wie auch die göttliche Geliebte, für die er die besondere bemalte Scheibe schlug. Diese trägt ein sternförmiges Symbol, ein Liebeszeichen, das auf den Fünfstern (Trudenfuß, Pentagramm) hinweist – das Zeichen der Venus. Die Feuerscheibe symbolisiert die Energie der göttlichen Ahnfrau, die ihre Lebenskraft auf die Fluren der Landschaft überträgt und somit das Wachstum befördert. Da die Liebesgöttinnen auch den Mond als Symbol besitzen, könnte das rollende Feuerrad in der Nacht ebenso auf die lunaren Kräfte des Frühlingsmondes hinweisen. Und nicht zuletzt zeigt sich in der Larmstange die Stroh- und Winteralte, die später zur Hexe dämonisiert wurde und die sich im Feuer in ihre verjüngte Frühlingsgestalt wandelt – zur mädchenhaften Geliebten im Scheibenschlagen.

Tschäggättä und Schurten

Das Lötschental ist ein Seitental des Wallis und bekannt für seine Postkartenbilder mit schneebedeckten Bergen und den goldgelben Lärchen im Herbst. Im Februar allerdings herrschen im Tal ganz andere Gestalten, nämlich die maskierten Tschäggättä (Gescheckete, Gescheckten), die von Lichtmess bis zum Vorabend von Aschermittwoch in den Abendstunden oder während des Tages in einzelnen Gruppen umgehen. Die Vermummten tragen traditionellerweise alte Kleider und einen Überwurf aus Tierfellen von Schafen, Ziegen oder Gämsen. Befestigt wird die urtümliche Verkleidung mit einer Kuhglocke. Hinzu kommen fratzenhafte Masken mit ausgeschnitzten Augen. Diese gruseligen Gestalten durchstreifen die Gegend ganz unvorhersehbar oder laufen heute bei einem organisierten Umzug durch das Tal mit.

Über die Anfänge des einstmals reinen Männerbrauches gibt es verschiedene Theorien. Die am häufigsten zitierte Herkunftsgeschichte ist die Sage von den Schurtendieben. Die Geschichte besagt, dass in den Wäldern auf der Schattenseite des Lötschentales einst die Schurtendiebe wohnten. Das Wort »Schurten« kann mit »kurze (kleine) Diebe« übersetzt werden. Ihre ehemaligen Wohnstätten sind immer noch erkennbar, am besten gegenüber von Wiler auf der Flur »Giätrich«. Sie waren kleine, aber stämmige Männer, die in der Nacht auszogen und die Leute beraubten. Um bei ihnen aufgenommen zu werden, musste ein Mann schwer beladen über den Fluss Lonza springen können. Zudem sollen die Schurtendiebe – ähnlich wie die Tschäggättä – geschnitzte Holzmasken, Tierfelle und umgehängte Schellen getragen haben.

Grabungen auf dem Waldstück »Giätrich« haben ergeben, dass dort vom 11. bis zum 14. Jahrhundert tatsächlich eine Siedlung lag. Wie das Dorf entstanden ist und warum es wieder verlassen wurde, ist leider unbekannt. Historisch gesichert ist aber, dass im 8./9. Jahrhundert deutschsprachige Alemannen ins Lötschental vorstießen und sich dort ansiedelten. Doch das Tal war schon vor der Alemannisierung bevölkert, was unterschiedliche Flurnamen, Felszeichen und Steinkulte belegen. Ob die neuen Siedler aus dem Norden bei ihrer Landnahme eine angestammte Bevölkerung antrafen ist allerdings schwer zu sagen. Jedenfalls gibt es im Wallis außeror-

Tschäggättä und Schurten

dentlich viele Sagen von den »kleinen, dunkelhaarigen Leuten«. Wenn dies so wäre, hätten sich die Alemannen und die Altvölker entweder durchmischt, oder aber sie bildeten geschlossene, separate Gesellschaften, die ihre Eigenart bewahren wollten.

Aber auch ohne das genau zu wissen, kann man sagen, dass bei den Tschäggättä und Schurtendieben verschiedene Themenkreise zusammenkommen, was die genaue Spurensuche erschwert. Trotzdem dürfen wir sicher sein, dass diese »Schurten« (die kleinen Wesen) keine Diebe waren, wie die Sage erzählt. Denn es wäre doch ein sehr seltsames Verhalten, wenn sich diese »Diebe« mit Glocken und Schellen von weit her schon selber angekündigt hätten. Es scheint daher sinnvoller, die Schurten in einen kulturellen Zusammenhang zu stellen, sowohl mit dem alpinen Perchtenlauf als auch mit einem alten Heischebrauch. Ursprünglich könnten diese wilden Männer zum Zug einer Mittwinterfrau gehört haben. Dabei handelte es sich wohl um das bekannte wilde Heer der Toten- und Seelenschar mit einer göttlichen Ahnfrau als Anführerin. Diese Alte der dunklen Jahreszeit muss aus dem Brauch der Tschäggättä schon früh verschwunden sein. Doch sie kommt in den Lötschentaler Sagen noch als spinnendes Mütterchen vor. Außerdem nennt man die Tschäggättä auch »Roitschäggätä«, worin der Wortteil *roi(ch)* »Rauch« bedeutet. Diese Bezeichnung bezieht sich nicht nur auf den Ruß, sondern ebenfalls auf das Räuchern und die Rauhnacht. Die Maskierten stehen damit auch für die Ahnenwesen, die ihre Verwandten in den besonderen Nächten zu Hause besuchten und dort Speisegaben erhielten. Später verliert dieses nächtliche Ritual seinen wesentlichen Kern, und es entsteht daraus ein Heischebrauch, in dem die Vermummten von Haus zu Haus gehen und um eine Gabe bitten – ein Motiv, das später wohl zum diebischen

Verhalten der Schurten umgedeutet wurde. Interessant ist auch der immense Lärm, den die Maskierten veranstalten. Wir wissen, dass sich die wilde Totenschar mit einem »Höllenlärm« ankündigt, wenn sie von der Anderswelt zu den Lebenden kommt. Diese Anderswelt wurde offenbar auf der Schattenseite des Tales vermutet. Das Lärmen dürfte auch wie schon an anderer Stelle erwähnt den Winter vertreiben und den Weg frei machen für die Lebenskraft des Frühlingsmädchens.

Osterfeuer und Eierlesen

Die Bräuche des Osterfeuers und des Osterrades schließen nahtlos an die Feuerbräuche des Vorfrühlings an, wo am Funkensonntag das Scheibenschlagen geübt, die den Winter darstellende Strohgestalt verbrannt sowie das Feuerrad den Hang heruntergelassen wird. Nur sind die Feuerbräuche an Ostern noch viel deutlicher Frühlingsbräuche, die auf Anhöhen oder manchmal sogar auf alten Höhenkultplätzen gepflegt werden. So zum Beispiel die Lungauer Osterfeuer in Österreich. Hier werden von den jungen Männern des Ortes riesige, bis zu zwölf Meter hohe Türme aus Rundholz errichtet, das sorgfältig übereinandergezimmert wird. Dann werden die Türme mit Reisig gefüllt. Die Männer müssen mit dieser aufwendigen Arbeit schon einige Tage vorher beginnen, denn der Holzturm muss am Samstag vor Ostern fertig sein. Dann wird er nach der Abenddämmerung zur Freude der versammelten Bevölkerung unter Jubel und Lärm angezündet und beklatscht. Diesen Feuerkult gibt es in verschiedenen Regionen Europas, und der Brauch kommt nicht nur in den Alpen vor.

An welchem Tag genau der Holzstoß brennen soll, ist nicht festgelegt. Es kann der Freitag, Samstag in der Woche vor Ostern oder der Ostersonntag sein. Stets sollen aber die hohen Flammen naturmagisch das Wachstum der Felder befördern. Auch hier wird der Winter in Form einer Gestalt verbrannt – das können beispielsweise der oder die Winteralte sein –, wodurch sich die dunkle Jahreszeit zum lichten Frühling wandeln soll. Dieser Feuerbrauch ist zugleich ein Fruchtbarkeitsritual, denn nachdem der Feuerturm niedergebrannt ist, wird die Asche auf den Feldern verteilt. Dadurch soll die Erde viele Feldfrüchte tragen.

Obwohl der Feuerbrauch in den christlichen Ritus einbezogen wurde, können die Anfänge des Brauches nicht vom kirchlichen Osterfest stammen. Interessanterweise erwähnt Bonifatius das Ritual schon um 751 in Norddeutschland. In einem Brief weist er den Papst Zacharias auf den althergebrachten Brauch hin. Dieses Osterritual wird später an manchen Orten auf den Kirchplatz übertragen, wo das Feuer nun vor Hexen, Blitz und Hagel schützen soll.

Mit dem Osterfeuer ist vielfach auch der Brauch verbunden, Osterräder in der Nacht von den Hügeln herunterrollen zu lassen. Nicht selten handelt es sich dabei um mit Stroh oder Reisig umwundene Eichenräder, die mehrere Hundert Kilo wiegen können. Wichtig ist, dass die Räder rundherum brennen und mit hoher Geschwindigkeit den Hang hinabwirbeln. Sie dürfen unterwegs nicht liegen bleiben und müssen gut im Tal ankommen – nur dann gibt es eine reiche Ernte. Auch hier soll also das Feuerrad naturmagisch mit seiner Lebenskraft die Fruchtbarkeit fördern und den Winter vertreiben. Die Feuerscheibe könnte dabei die Sonne repräsentieren, doch starke Symbole sind oft mehrdeutig. Vergessen wir nicht den roten Vollmond, der über das Firmament gleitet und nach altem Glauben ebenso das Wachstum der Pflanzen und Lebewesen beeinflusst. Der Mond spielt im Frühling ohnehin eine bedeutende Rolle, was sich immer noch in der Berechnung der Osterzeit ausdrückt: Noch heute feiern wir Ostern am ersten Sonntag nach dem ersten Frühlingsvollmond.

EIERLESEN ALS WETTKAMPF

Wie wir alle wissen, spielt auch das Ei im Frühlingsbrauchtum eine besondere Rolle. Dieses gilt seit jeher als Fruchtbarkeitssymbol, und in der Mythologie der Griechen und anderer Völker entstand aus dem Ur-Ei jegliches Leben. Aus der Vielfalt der traditionellen Eierbräuche möchte ich vor allem auf das sogenannte Eierlesen hinweisen. Es handelt sich dabei um einen spielerischen Wettkampf zweier Gruppen, wobei eine

Seite den Winter und die andere den Frühling darstellt. Erste Belege für diesen Brauch finden sich bereits im 16. Jahrhundert, demnach war dieses Ritual von Nord- bis Süddeutschland, in der Schweiz, in Tirol, in Südfrankreich und sogar in Belgien verbreitet. In einigen Regionen ist das Eierlesen heute ausgestorben, doch in zahlreichen Landschaften wurde der Frühlingsbrauch entweder weitergepflegt oder in den letzten Jahrzehnten wieder neu belebt. So zum Beispiel im Alpenrheintal (Rüti, Oberriet), in der nördlichen Schweiz und in Süddeutschland im bayerischen Markt Remlingen.

Das Eierlesen gibt es in verschiedenen Spielarten. So den Wettkampf zwischen einem jungen Mann, der etwa 100 aufgereihte Eier auflesen und in einen Korb bringen muss, während ein Reiter eine gewisse Strecke im Umkreis abzureiten hat.

Andernorts werden zwei Bahnen mit je 80 bis 100 Sägemehlhaufen ausgelegt. In jeden Haufen wird ein Ei gebettet. Nun stehen sich die bereits genannten Gruppen gegenüber, die sich wiederum jeweils in Läufer und Fänger teilen. Wenn alle bereit sind, beginnt der Wettlauf zwischen den beiden Jahreszeiten. Dabei rennen die Läufer zum entferntesten Ei der Bahn, nehmen dieses auf, eilen zum Start zurück und werfen es in die bereitgestellte Spreuwanne des Fängers. Fällt ein Ei zu Boden, muss die Strecke nochmals abgelaufen werden. Manchmal hat der Läufer zwischendrin auch eine spezielle Aufgabe zu lösen, das kann beispielsweise bei jedem zehnten Ei der Fall sein. Die Gruppe gewinnt, der es zuerst gelungen ist, alle Eier dem Fänger zu übergeben. Droht der Frühling im Verlauf des Wettkampfes zu unterliegen, wird gelegentlich mit einer Sonderaufgabe eingegriffen, damit schließlich doch der Lenz als Sieger hervorgeht. Während des Spektakels können weitere Figuren wie zum Beispiel »der Dürre« und »der Grüne« auftreten. Das sind wilde Kerle, die miteinander raufen, doch auch hier gewinnt stets der grüne Mann.

Leider fehlt bei diesem Jahresbrauch mittlerweile oft der naturmythologische Zusammenhang sowie die weibliche Seite des Rituals. Wie schon angedeutet, wandelt sich die

Winteralte als personifizierter Winter nach der Jahreswende bald zum jungen Frühlingsmädchen, das die Felder wieder grünen lässt. Eines ihrer geheimnisvollen Symbole ist dabei das lebenspendende weiße Ei, das zugleich auch den Frühlingsvollmond symbolisiert. Aber nicht nur die Winteralte verändert sich, sondern auch der Dürre der dunklen Jahreszeit erfährt durch die Lebenskraft der Mittwinterfrau seine Wiederkehr als grüner Mann. Er ist derjenige, der im Frühjahr den Winter vertreibt, aber auch in dem Initiationswettspiel um die Frühlingsgöttin kämpft. In einem Geschicklichkeits-Wettkampf muss er sich gegen seine Mitbewerber um die Geliebte durchsetzen. Und das ist genau das Handlungsmuster beim Eierlesen, indem der Junge, der den Lenz darstellt, seinen Gegenspieler hinter sich lässt und zum neuen Maikönig wird. Er gewinnt dabei nicht nur die eingesammelten Eier, sondern die mythische Maibraut selbst. Somit überliefert der Eierlesebrauch in seinem Kern eine jahreszeitliche Mythologie, die im Volksbrauch verloren gegangen ist. Die jungen Männer laufen eigentlich um die Wette, um die weiße Frühlingsbraut mit ihrem Ei des Lebens zu gewinnen. Sie geriet mehr und mehr in den Hintergrund. Im Zentrum steht nur noch der Kampf zwischen Winter und Frühling oder dem dürren und dem grünen Mann.

Walpurgisnacht und Pfingstkönig

Wie beim Osterfeuer stand auch in der Walpurgisnacht vom 30. April auf den 1. Mai ein alter Feuerbrauch Pate. Diesen archaischen Feuerkult finden wir noch in der keltischen Tradition, wo das Fest »Beltane« heißt und ebenfalls in der Nacht des 30. April gefeiert wird. Der Name *Beltane* dürfte die altirische Sprachwurzel **belo-* »hell, weiß« enthalten und könnte somit »das Helle, das Leuchtende« Feuer bedeuten. Andere Bezeichnungen beziehen sich eher auf den Beginn der schönen Jahreszeit. Noch im 19. Jahrhundert wurden in Irland an diesem Tag, dem »ersten Sommerlichen«, alle Herdfeuer gelöscht und dann mittels eines Feuersteines neu entfacht. Außerdem wurde das Vieh zwischen zwei Feuern durchgetrie-

ben, um dadurch Krankheiten zu verhindern. Das wichtigste Feuer wurde jedoch auf einer Anhöhe im Zentrum der Insel entzündet. Der abgelegene Ort Uisneach gilt als Nabel der Grünen Insel, welche die irischen Poeten stets als Landschaftsgöttin priesen. An diesem Tag, wie auch zu den anderen hohen Festtagen, steigen die Ahnen aus den Elfenhügeln und sind für die Menschen sichtbar. Es war dann auch Brauch, die Häuser und Ställe mit frischem Grün zu schmücken und eine Maikönigin zu wählen, die dem Land Segen und Fruchtbarkeit schenken sollte.

Im deutschen Sprachraum geht unser jahreszeitliches Ritual ebenfalls auf eine keltische Tradition zurück, jedoch leitet sich der Name des Jahrestages hier von der heiligen Walburga ab, die im 8. Jahrhundert eine Äbtissin in England gewesen sein soll. Im Mittelalter wurde ihr Gedenktag am 1. Mai gefeiert, sonst hat die Heiligenlegende keinen Bezug zu diesem verbreiteten Feuerkult. Der Kirche ging es aber nicht nur darum, den alten Festbrauch mit einem neuen Namen zu versehen, sondern sie dämonisierte diesen mit abstrusen Geschichten. Daher verbinden wir heute die Walpurgisnacht mit der Vorstellung vom Tanz der Hexen und dem Auftreten des

Teufels, die sich mit einer Gemeinschaft von »Ungläubigen« in dieser Nacht versammeln und um ein großes Feuer springen.

Einer der bekanntesten dieser Ritualorte ist der Brocken im Harz, der auch Blocksberg genannt wird. Hier wurde in früheren Zeiten ein ausgelassenes Fest auf einem erhöhten Platz gefeiert. Erst ab dem 15. Jahrhundert wurde das Ritual mit der Zusammenkunft der Hexen in Verbindung gebracht. Liest man in den Verboten und Akten zur Walpurgisnacht auch zwischen den Zeilen, so dürfte es sich dabei ursprünglich um einen alteuropäischen Lichter-, Liebes- und Fruchtbarkeitskult des Vorsommers gehandelt haben, in dem sich die Maibraut und der grüne Mann erotisch begegneten und mit einer Hochzeitsgemeinschaft das Wachsen der Felder feierten. Diese Vereinigung sollte auf naturmagische Weise viele Früchte bewirken, aber auch die Fruchtbarkeit bei Mensch und Tier fördern. Die Liebesfeiern der Jugend waren der Obrigkeit aber ein Dorn im Auge, sodass aus der göttlichen Maibraut eine »Hexe« und aus dem grünen Mann ein »Teufel« gemacht wurde. Und damit nicht genug: Jede Person, die an der festlichen Gemeinschaft teilnahm, wurde so entsprechend gebrandmarkt.

In den Alpen sind verschiedene, dem Brocken ähnliche Anhöhen bekannt, dazu zählt der sagenumwobene Schlern in Südtirol, der sogar als »Brocken Tirols« bezeichnet wird. Oder der Säuling, der sich in den Allgäuer Alpen in der Nähe von Füssen mit 2047 Metern erhebt. Der Berg steht so markant in der Landschaft und wirkt beinahe pyramidenartig, sodass es kaum verwundert, dass sich um ihn verschiedene Sagen ranken. Eine davon berichtet von seinem Gipfelplateau, das den Zauberfrauen als Tanzplatz diente. Überhaupt sind Flurnamen wie »Hexenboden« oder »Tanzplatz« auch anderswo ein wichtiger Hinweis darauf, wo es in der Region früher entsprechende Brauchtumsplätze gab. So auch südlich des Chiemsees, wo sich bei Marquartstein der Schnappenberg erhebt. Dieser Berg galt in der Walpurgisnacht einst als Versammlungsort, um dort eine Braut oder einen Bräutigam zu finden. Vielleicht steckt dahinter der alte Jahresbrauch von Beltane, an dem sich die Mädchen und Jungen in der Maiennacht begegneten und die Liebe feierten. Zwar ist der Gipfel des Schnappenberges schwer zugänglich, aber direkt unterhalb befindet sich auf 1100 Metern Höhe auf einer Lichtung die Schnappenkirche. Von hier aus hat man einen wunderbaren Blick auf den Chiemsee, und womöglich handelt es sich hierbei um den früheren Versammlungsplatz.

Hexentanzplatz

Bei Vättis oberhalb des Alpenrheintals befindet sich ein Hexentanzplatz. Eine Viertelstunde außerhalb des Dorfes liegt das Gut Gaspus, auf dem die weisen Frauen einst Tänze abgehalten haben. Die »Hexen« kamen von weit her. Auch eine edle Dame aus Mailand kam über die Berge und tanzte begeistert mit. Doch während sie sich drehte, wurde sie plötzlich in einen Fuchs verwandelt, der an einer Buche angebunden war. Am nächsten Tag kam ein Jäger nach Gaspus und sah das schöne Tier. Es richtete sich auf und wollte gestreichelt werden. Dem Mann kam der Fuchs ungewöhnlich zutraulich vor. Er löste die Kette, und sogleich suchte Reineke das Weite. Im gleichen Jahr ging der Jäger als Viehtreiber nach Italien. Als er in Mailand angekommen war, rief zu seinem Erstaunen aus einem vornehmen Palazzo eine schöne Dame seinen Namen und winkte ihn herein. Im Palazzo wurde er gastlich bewirtet und erhielt nicht wenige Goldstücke zum Geschenk. Der Jäger konnte sich dies alles nicht erklären. Erst beim Abschied teilte ihm die edle Dame mit, dass sie es gewesen war, die er damals befreit hatte. Sie sei in der Hexennacht in den Fuchs verzaubert worden, und als er den freiließ, habe er in Wirklichkeit ihr Gutes erwiesen, das sie ihm nun vergolten habe.

MAIBÄR UND PFINGSTKÖNIG

Der Mai ist aber nicht nur der Monat der Walpurgisnacht, sondern auch die Zeit der Maibraut (Maikönigin) und des grünen Mannes (Maikönig), der viele Namen trägt und manchmal auch »Maibär«, »der Belaubte« oder »der Pfingstkönig« genannt wird. Zudem lässt sich der grüne Mann nicht von seiner dämonisierten Gestalt, dem Teufel, trennen, ebenso wenig wie sich die segensreiche Maibraut von der Hexe abspalten lässt. Beide sind jedoch verzerrte Gestalten der ehedem mythischen Frühlingsgöttin und ihres Vegetationspartners. Ein Indiz dafür ist in der Volkstradition erkennbar, wo der Grüne und der Gehörnte gleichsam identisch sind. Die frühlingshafte Mädchengöttin und ihren Partner finden wir auch beim Vegetationsritual der Maibraut und des Pfingstkönigs wieder. Meist steht jedoch der grüne Mann im Vordergrund, oder es wird nur noch sein Brauchtum gefeiert, während die Frühlingsbraut allmählich in Vergessenheit geraten ist. Dabei war ja gerade die universelle Lebenskraft der Maibraut von Bedeutung, um die Früchte reifen zu lassen.

Ein Beispiel dafür ist der Pfingstkönigsbrauch in Patzmannsdorf in Niederösterreich. Eine erste Erwähnung des Vegetationskultes stammt aus dem Jahr 1555, dann verlieren sich seine Spuren, und erst gegen Ende des 19. Jahrhunderts wurde der Brauch von einem Schuldirektor wiederbelebt. Das Ritual beginnt damit, dass sich ein Junge in den Pfingstkönig

Walpurgisnacht und Pfingstkönig

verwandelt, indem er sich mit grün belaubten Ästen umhüllt, die dann kegelförmig oben zusammengebunden werden. An der Spitze stecken drei hübsche Pfingstrosen. Daraufhin führen die Kinder den »grünen Mann« durch den Ort. Etwa alle 100 Meter drehen sie ihn im Kreis, umtanzen ihn dabei und heischen mit einem Lied bei den Dorfbewohnern um eine Gabe. Das Lied beginnt mit den Worten: »Wir reisen dahin, wir reisen daher, und bringen den grünen Pfingstkönig daher. Aus grüner Au, aus grüner Au, das ist bei uns zu Pfingsten der Brauch…« Nachdem das Lied zu Ende gesungen wurde, geben die Leute den Kindern Geld, das die Mädchen und

Jungen unter sich aufteilen. Am Ende des Umzugs wird das Laubkleid in den Bach geworfen.

Diese symbolhafte Handlung zum Abschluss des Brauches ist aus landschaftsmythologischer Sicht aufschlussreich: Der grüne Mann ist im Frühling ein Erdgeborener, ein Spross der Erde, und zieht im Mai über die Fluren. Dabei stellt er einen Vegetationsgeist dar, der das Wachstum der Felder und Bäume symbolisiert. Aus der Unterwelt, wo er während der dunklen Jahreszeit weilte, bringt er die Fruchtbarkeit mit, und durch das Abschreiten der Fluren wird die Landschaft naturmagisch begrünt. Bei dieser Prozession sollte er eigentlich die Maikönigin treffen – das göttliche Frühlingsmädchen, das alles hervorbringt. Einst feierte sie mit ihm die Vegetationshochzeit. Doch dieser erotische Teil des Brauches ist leider verloren gegangen. Am Ende des Rituals kehrt der Pfingstkönig zu seinem Ursprung zurück, indem sich der Vegetationsgeist über den Bach zurück zur Erdmutter begibt. Dort ist er zur Herbst- und Winterzeit nicht der grüne Mann, sondern wird im Brauchtum zum Strohmann. Seine Reise in die Anderswelt ist jedoch nur vorübergehend, denn bald erlebt er seine Verjüngung, sodass er im nächsten Frühjahr

während des neuen Jahresrituals als grüner Mann wiederkehrt.

Einen solchen Vegetationszyklus finden wir auch im Alpenrheintal im Kurort Bad Ragaz zwischen Bodensee und Chur. Hier heißt der grüne Mann nicht Pfingstkönig, sondern »Maibär«. Der Brauch wird jeweils am ersten Sonntag im Mai gepflegt, und bei diesem Fest ist der ganze Ort auf den Beinen. Die Bezeichnung »Maibär« deutet darauf hin, dass der Belaubte eine Mischform eines mythischen »Menschen des Waldes« (= Bär) und eines Vegetationsgeistes ist. Doch auch hier erkennen wir nur noch einen Rest eines einst umfassenderen Jahresrituals, das ab dem 19. Jahrhundert von den patriarchalisch auftretenden Knabenschaften ausgetragen wurde. Auch hier ging die Maibraut verloren, die dem Brauch erst einen naturmythischen Sinn gegeben hat. Dennoch ist es erfreulich, dass der zwischenzeitlich vergessene Brauch in den 1970er Jahren wiederbelebt wurde. Diese Wiedereinsetzung beruht auf älteren Beschreibungen. Bei diesem Maibrauch handele es sich um eine »Mummerei«. Dabei wird aus dem ersten Baumgrün (Buchenlaub) ein mit Blumen und farbigen Bändern geschmücktes Geflecht hergestellt. Dieses ist bienenkorbartig

und etwa zwei Meter hoch. Im Inneren verborgen befindet sich ein Junge, der die grüne Gestalt durch die Straßen trägt. Begleitet wird der Umzug mit Glocken und Schellen, dabei werden auch Gaben eingesammelt. Das Ritual wird dadurch abgeschlossen, dass der Maibär sein grünes Kleid von der oberen Brücke in den Fluss Tamina wirft. Der Vegetationsgeist von Bad Ragaz erlebt somit die gleiche Jenseitsreise wie der Pfingstkönig von Patzmannsdorf, wo ebenfalls das Laubkleid im Bach endet.

DIE MAIBRAUT UND PFINGSTKÖNIGIN

Trotz der zahlreichen Pfingstkönige gibt es auch Frühlingsbräuche, in denen die Maibraut noch gefeiert wird. So pflegen die Mädchen im südlichen Ungarn den Brauch des Pfingstsingens. Am Pfingstmontag gehen bis zu zehn festlich gekleidete Mädchen von Haus zu Haus, wobei sie im Hof jeweils einen Kreis bilden und ein besonderes Lied singen. In der Mitte des Kreises steht ein weiß gekleidetes Mädchen mit einem Schleier und einem Blumenkranz auf dem Kopf. Je nach Region ist sie auch mit einem weißen Tuch bedeckt. Sie verkörpert den »Pfingstlümmel«. Mit dem Umzug ist ein naturmagisches Ritual verbunden, das als Fruchtbarkeitszauber bezeichnet werden kann. Nachdem die Mädchen Eier oder

Walpurgisnacht und Pfingstkönig

andere Gaben bekommen haben, heben sie die Pfingstkönigin hoch und rufen: »So hoch soll euer Hanf wachsen!«

In Kärnten wiederum ist die Mai- oder Pfingstbraut eine Figur, die auf dem Hauptplatz des Dorfes Weitensfeld im Gurktal auftritt. Es handelt sich bei ihr um die »steinerne Jungfrau«, die alle paar Jahre auch wirklich in Gestalt eines jungen Mädchens auftritt. Jeweils am Pfingstmontag wird die Jungfrau über dem Marktbrunnen festlich mit einem weißen Kleid und einer roten Schärpe geschmückt. Sie trägt einen Brautkranz auf dem Haupt, in der linken Hand einen Schlüsselbund und in der rechten eine Pfingstrose. Am Nachmittag wird

Verena als Maibraut

In Koblenz (Schweiz) war es im Frühling Brauch, das Gemeindeland zu umschreiten. Während die Männer und Knaben an diesem Umzug teilnahmen, buken die Frauen und Mädchen Krapfen. Danach gingen sie ebenfalls auf die Felder hinaus und brachen Blumen. Daraus flochten sie sich in einem Wettspiel Kränze ins Haar, die »Schäppeli« (Brautkrone) heißen. Die Blumenkränze trugen sie zur Verenakirche und behängten damit das Gitter, das den Mühlstein mit einem geschnitzten Verenabildnis verbarg.

Schließlich erschien der Sigrist (der Küster) und setzte die schönste Blumenkrone der Heiligen aufs Haupt und schmückte mit den übrigen Brautkronen den Stein. Bemerkenswert ist, dass die Frauen sich zuerst selber schmückten und die schönste Braut erkoren. Dann gingen sie zur Verena – zum heiligen Stein – und schmückten mit den Feldblumen die göttliche Ahnfrau. Diese wurde so ebenfalls zu einer Maibraut.

Walpurgisnacht und Pfingstkönig

dann auf dem Marktplatz ein Wettrennen veranstaltet. Drei Läufer finden sich ein, die ebenso wie die Braut in weißer und roter Kleidung erscheinen. Von der Menge angefeuert rennen sie um die Gunst der Pfingstkönigin. Doch nur einer wird Sieger, der schließlich zum Brunnen geführt wird. Dort steigt er mit Hilfe einer Leiter zur Maibraut empor, umarmt und küsst sie. Nach diesem Ritual tanzen die Läufer mit den Mädchen, die sich um den Jungfrauenbrunnen versammelt haben. Die Dorfbewohner sind der felsenfesten Meinung, dass dieser Brauch keinesfalls ausbleiben darf. Sollte er in einem Jahr nicht stattfinden, würde dies für alle Unglück bedeuten.

Sonnenwende und Johannisbrauch

Die Zeit der Sommersonnenwende steht in einem inneren Zusammenhang mit der Mittwinterzeit. Diese beiden Tage des Jahres sind geprägt vom höchsten beziehungsweise tiefsten Sonnenstand, der jeweils mit Übergangsritualen begleitet wird. Das Sonnenjahr tritt zu diesen Zeiten in seinem Zyklus in eine neue Phase ein. Diese kosmischen Naturvorgänge werden von den Menschen von jeher mit Ritualen begleitet, weil sie sich einerseits als Teil der Naturabläufe verstehen und andererseits mit den Ritualbräuchen im Mikrokosmos das Naturgeschehen im Makrokosmos beeinflussen möchten. Dabei stehen sie im Einklang mit dem Vegetationszyklus, der an Mittsommer die Früchte und das Korn reifen lässt. An

Mittwinter entscheiden die Schicksalsfrauen, wie das neue Jahr werden wird, während an Mittsommer die Sorge der Menschen um die Ernte im Zentrum steht. Stets liegt das Lebensschicksal in den Händen der Mutter Erde, die im Sommer als Kornmutter mit reichen Ähren erscheint. Sie ist wie das Frühlingsmädchen und die Winteralte die Personifikation der jeweiligen Jahreszeit.

Zur Sommersonnenwende erreicht nicht nur das Jahr seine hohe Zeit, sondern ebenso die Kornmutter, die auch als Liebesgöttin auftritt. Sie schenkt der Natur ihre höchste Lebenskraft. So heißt es, dass ein Heilbad am Johannistag mehr bewirke als viele Bäder zu einem anderen Zeitpunkt des Jahres zusammen. Oder wer sich an diesem Tag das Gesicht mit Morgentau wäscht, fördere damit die Schönheit, wer morgens barfuß durch die Wiesen geht, erlange Gesundheit. Zudem sind Pflanzen, die in dieser Zeit gepflückt werden, ganz besonders heilkräftig. Das wachstumsfördernde Licht ist eng mit dem Lauf der Sonne und des Mondes verbunden, und so wird traditionell am Johannistag an vielen Orten ein alter Feuerbrauch gepflegt, das Johannisfeuer.

JOHANNISFEUER

Anlässlich der schicksalshaften Schwellenerfahrung der Sommersonnwende wird alljährlich das Johannisfeuer entfacht. Dabei ist es Brauch, dass die Liebespaare sich dann, wenn das

Feuer heruntergebrannt ist, fest bei den Händen fassen und gemeinsam über das Feuer springen. Je nachdem wie gut das gelingt, kann man daraus Rückschlüsse auf den weiteren Fortgang der Beziehung ziehen. Das Johannisfeuer wird in Tirol interessanterweise auch »Suwendraach«, der »Rauch der Sonnenwende« genannt. Nachdem die Paare über die Glut gesprungen sind, dämpft man dort die Flammen und erzeugt durch das Auflegen frischer Tannenzweige, mit denen  man die Glut bedeckt, möglichst viel Rauch. Wir haben es wohl mit einer Art Räucherung zu tun, die den Menschen und der Landschaft Segen bringt. Der Rauch der Johannisnacht vom 23. auf den 24. Juni erinnert unweigerlich an die Rauhnacht am 24. Dezember, in der das Haus, der Stall und die Menschen einem Räucherritual unterzogen werden. Dahinter könnte aber mehr als eine reinigende Funktion stecken, vielleicht ist es auch ein naturmagisches Ritual: Je höher der

Rauch steigt, desto fruchtbarer werden die Fluren, Bäume und Äcker sein. Ein wichtiges Ritual war dann auch die Gabe an die Elemente, ein Brauch, der schon aus dem Brauchtum der Wintersonnwende bekannt ist.

Mancherorts wird zur Sommersonnwende auch der Ahnengeist sichtbar, der durch eine aus Stroh und Lumpen gefertigte Figur versinnbildlicht wird. Diese Strohgestalt heißt in Tirol »Kathai« (Katharina) beziehungsweise in Oberösterreich »Hansl« (Johannes) oder »Gretl« (Margaretha). Mancherorts wurden zu Johanni auch brennende Feuerräder den Hang heruntergerollt oder auch das Scheibenschlagen ausgeführt, das bereits beschrieben wurde.

PRANGSTANGEN

Ein farbenprächtiger Mittsommerbrauch findet alljährlich im Salzburger Land statt: der Umzug mit den Prangstangen der Lungauer Dörfer Zederhaus (24. Juni) und Muhr (29. Juni). Der Name der riesigen, mit Blumengirlanden verzierten Stangen leitet sich vom mittelhochdeutschen *prangen* »prunken, zur Schau stellen« ab. Diese Prunkstücke können an die acht Meter hoch sein und bringen bis zu 80 Kilogramm auf die Waage. Der Schmuck besteht vorwiegend aus folgenden Blüten: Margerite, stengelloser blauer Enzian, Bergnelkenwurz, Pfingstrose, Vergissmeinnicht, Bergastern, Mohnblüten und Frauenmantel.

Sonnenwende und Johannisbrauch

Die Prozession mit den Prangstangen geht der Überlieferung nach auf eine Heuschreckenplage vor 300 Jahren zurück, welche die Lungauer Dörfer auf das Schlimmste heimgesucht haben soll. Damals wurde die Vegetation dieser Region komplett vernichtet. Darauf gelobten die Bauern, jedes Jahr Blumenstangen zu binden, wenn sie in Zukunft vor solcherlei Katastrophen verschont blieben. Daher darf der Brauch auch niemals ausgelassen werden. Anfänglich wurden nur etwa zwei bis drei Meter lange blumengeschmückte Stangen mitgetragen. Mit der Zeit wurden die Prangstangen dann aber immer prächtiger und größer, vor allem aber auch schwerer, sodass sich die jungen Männer beim Tragen einer Stange heute abwechseln.

Die Herstellung geschieht in gemeinschaftlicher Arbeit: Kinder, Jugendliche und Erwachsene kommen jeweils bei verschiedenen Höfen zusammen, wo sie Blumen pflücken und Kränze binden. Diese werden in mannigfachen Farbmustern auf die Holzstangen gewickelt. Für eine Prangstange sind bis zu 60 000 Blüten erforderlich. In Zederhaus werden die fertigen Stangen am Vorabend des Johannistages in die Kirche gebracht und am 24. Juni in eine Prozession eingebunden. Die wunderbaren Blumenstangen bleiben dann in der Kirche bis an Maria Himmelfahrt (15. August) aufgestellt. An diesem Frauentag werden sie dann gesegnet und als Weihekräuter nach Hause getragen. Dort verbleiben sie bis zur Wintersonnenwende. Jeweils in den Rauhnächten von Weihnachten, Silvester und der Perchtnacht werden die Kräuter dann während des Räucherrituals von Haus und Hof verwendet.

Es lässt sich leider nicht genau feststellen, wie alt dieser blumenreiche Brauch wirklich ist. Jedenfalls darf die vordergründig einleuchtende Begründung mit der Heuschreckenplage bezweifelt werden. Möglicherweise handelt es sich bei den Prangstangen um ein Überbleibsel eines mittsommerlichen Vegetationskultes. Die anfänglich bescheidenere Stange erinnert an den grünenden Stab verschiedener Fruchtbarkeitspartner, die mit der venushaften Korngöttin jeweils das Fest der Heiligen Hochzeit im Sommer feierten. Durch das Vegetationsritual bewirkt die Erdgöttin einen Überfluss an Früchten

Sonnenwende und Johannisbrauch

und eine Blütenpracht, wie sie bei den Blumen der Prangstangen sehr schön zur Geltung kommen. In der Vielfalt der Blumen spiegelt sich der gesamte Reichtum der Landschaft wider. Die Verknüpfung von Marienfest, Johannistag, Prozession und Segnung in der Kirche deuten darauf hin, dass das Ritual erst später in das kirchliche Umfeld eingebunden wurde.

WASSERKULT SAN GIAN

Ein außergewöhnlicher Brauch findet jeweils am 24. Juni im Oberengadin im Dorf Zuoz statt, das zwischen St. Moritz und Zernez liegt. Allgemein ist dieser Festtag im Rätoromanischen als San Gian bekannt, und man sagt, diese Zeit sei die schönste im ganzen Tal. Die Fluren präsentieren sich in farbenfroher Pracht, die Berge sind zum Greifen nahe, und der Inn fließt schäumend im Talgrund. Seit längerer Zeit wird der Brauch nur noch von den Schulkindern gepflegt, aber einst war es eine hohe Zeit der ganzen Gemeinschaft, die den symbolreichen Vegetationskult ausübte.

Der San-Gian-Brauch beginnt damit, dass die Kinder schon in der Schule etwas über das Mittsommerritual erfahren und ihnen seine Bedeutung erklärt wird. Dann am Festtag selbst stürmen die Jugendlichen nach der Schule ins Dorf, wo die Jungen aufgeregt die Mädchen verfolgen. Sie sammeln sich vor allem um den Dorfbrunnen, denn sie benötigen eine Menge Wasser. Die Knaben haben sich Wasserspritzen gebaut, mit denen sie auf die Mädchen zulaufen und diese ausgiebig bespritzen. Früher wurden die Mädchen sogar in die Dorfbrunnen getaucht, was jedoch nicht mehr üblich ist. Die Mädchen versuchen, dem Bespritzen zu entgehen, und so entsteht in den Gassen ein wildes Treiben.

Sowohl der Zeitpunkt als auch die Art des Brauches weisen auf einen alten, Fruchtbarkeit fördernden Vegetationskult hin, in dem sich die Geschlechter auf erotische Weise begegneten.

Diese Bedeutung schimmert beim kindlich verspielten Wasserritual nur noch durch. San Gian dürfte ein Überbleibsel eines urtümlichen Mittsommerfestes sein, das in der Mythologie als »Heilige Hochzeit« bekannt ist.

DIE SONNWEND-SÄNGERINNEN

Bei der slawisch sprechenden Bevölkerung Österreichs gab es einen ausgiebigen Sonnwend- und Feuerkult, bei dem die Sonnwend-Sängerinnen im Mittelpunkt standen. Einer ihrer Namen war »Ladarice«, was sich von der Göttin Lada ableitet, welche die Beschützerin der Liebe und der Gesundheit gewesen sein soll. Ihre Priesterinnen waren entsprechend die Ladarice. Sie zogen vom Georgstag (23. April) oder von Pfingsten an bis zum Johannistag durch die Dörfer. Der Höhepunkt dieses Brauchs war dann jeweils der Sonnwendtag.

In der Steiermark nannte man die wunderbaren Sängerinnen »Kresnice«, was übersetzt Sonnwende bedeutet. Auch diese Mädchen versammelten sich jeden Abend vom Georgs- bis Johannistag an einer Kapelle oder urtümlicher an einem aus Tannen- oder Kieferzweigen gefertigten Zelt, das mit Blumen und Girlanden geschmückt wurde, um dort zu singen. Das Zelt selbst wurde »Majka«, also »Mutter« genannt. Darin verbrachten die Mädchen die Nächte, wenn sie mit ihren Umzügen und Liedern die Felder beschützten. Den Abschluss bildete der Johannisabend, an dem sie zum letzten Mal sangen und das Zelt verbrannten. Eines ihrer mythischen Lieder beginnt folgendermaßen:

> Drei Mädlein die Sonnwend feiern,
> inmitten des Dorfes ihr Feuer brennt,
> »Gott segne dich, o junger Prinz!«
> ....
> So sangen sie recht wunderschön,
> es hallte laut, man hörte es weit,
> es drang bis in das Neunte Land.
> ....

Die Sonnwend-Sängerinnen der Johannisfeier gingen wie die perchtenhaften Mädchen der winterlichen Rauhnächte umher. Üblicherweise waren sie zu viert und gaben sich nicht zu erkennen. Dazu banden sie ihr weißes Kopftuch so, dass fast das ganze Gesicht verdeckt war. Es gab auch mehrere Gruppen von Mädchen, und die Gruppen sangen vor jedem Haus, ohne jedoch einzutreten. Als Dank gaben ihnen die Bewohner Eier, etwas Mehl, Fett und Speck, ein Stück Weizenbrot und etwas Geld. Diese Gaben wurden für die Sonnwend-Mädchen schon vorher bereitgestellt, und niemand durfte diese Geschenke berühren, sonst war der Segen unwirksam.

In Kärnten und in der Steiermark war der Höhepunkt das »Festmahl der Sonnwend-Sängerinnen« – eine Johannishochzeit am Sonntag nach den Sonnwendfeiern. Zu dieser Hochzeit sammelten die Mädchen schon am Vorabend in den Dörfern Gaben ein. Beim Festmahl am Sonntag wurden dann eine Braut und ein Bräutigam gewählt. Die anderen Mädchen waren Kranzjungfrauen und die übrigen Jungen Brautführer. Das Johannispaar erinnert unweigerlich an die Korngöttin und ihren Vegetationspartner. In ähnlicher Weise finden wir an Pfingsten die Vegetation fördernde Maibraut und den Pfingstkönig, der im oben erwähnten Sonnwendlied als junger Prinz erscheint.

Ebenso aufschlussreich sind die Gründe, wie und warum der ausgesprochen naturverbundene und auch poetische Brauch allmählich ausgestorben ist. Die Rituale und Lieder wurden immer mehr durch kirchliche Einflüsse durchsetzt. Schließlich wurde die Rolle der ursprünglichen Sonnwend-Sängerinnen bewusst von den Mädchen der Marienkongregation übernommen. Die Folge war, dass immer mehr christliche Motive in die überlieferte Tradition einflossen und den alten Kern bis zur Unkenntlichkeit überformten. Während der ersten Hälfte des 20. Jahrhunderts ist der Brauch dann letztendlich ganz verschwunden.

Der Korngeist als letzte Garbe

Nach den Festtagen der Johanniszeit beginnt in der Sommerhitze der Monate Juli und August die Getreideernte. Je nach Wetter und Reife der Ähren wird das Korn üblicherweise am Margarethentag (20. Juli) oder an Jakobi (23. Juli) geschnitten. Diese mühsame Arbeit zog sich früher über mehrere Wochen hin. Die Getreidefelder sind der Stolz der Bauern, und oft wurden sie auch von Dichtern besungen. Sie werden dann als »das Sommersonnengold der Vegetation« oder als »ein Meer aus wogenden Halmen, die wie lichte Bronze schimmert« beschrieben. Jeder Halm beugt sich unter der schweren Last der fruchttragenden Ähren. Bevor die Schnitterinnen und Schnitter mit ihren Sicheln und Sensen auf das Feld gehen, schreitet der Bauer die Halme ab und prüft die Reife des Korns. Mit der Hand fährt er durch die Ähren, und sind die fallenden Körner hart, so kann der Schnitt beginnen. Dabei wurden mehrere Halme zu einer Garbe gebunden, die man wiederum zu mehreren zusammenstellte, um sie weiter trocknen zu lassen. So standen sie einige Tage auf dem Feld, bis die Garben eingeholt und in der Scheune gelagert wurden. Im Winter, wenn das Erntejahr vorbei war und die Feldarbeit ruhte, drosch man auf der Tenne mit einem Dreschflegel die Körner aus den Ähren.

Zwar gibt es die Getreidefelder noch heute, doch die Arbeit der Schnitter ist längst durch Maschinen ersetzt worden. Nun fahren riesige Erntemaschinen über das goldene Meer der Ährenhalme, die man einst auch als »die Haare der Erdmutter« besungen hat. Durch die Technisierung des Erntevorganges verschwanden auch die Garben. In diesen oft kunstvollen Gebinden sah man früher den Geist des Kornfeldes versinnbildlicht. Besonders der Brauch der letzten Garbe war mit Ritualen und mythischen Geschichten verknüpft, die in einer garbenlosen Zeit ebenfalls immer mehr verloren gehen.

Dennoch gibt es in abgelegenen und unwegsamen Gebieten die Mahd mit der Sense und die Garben noch heute. Dort, wo Maschinen nichts ausrichten können, muss weiterhin mit der Hand gearbeitet werden. So zum Beispiel im Südtiroler Gsiesertal, einem Seitental des Pustertales. Dieses Tal ist sehr hangreich, und das geschnittene Korn, zumeist Roggen, wird noch in Garben gebunden. Das »Seil«, das man dabei verwendet, besteht aus den frisch geschnittenen Kornhalmen. Damit die Garben trocknen, werden sie auf Holzgestellen angebracht, die man in Südtirol »Hiffla« nennt. Einen mit fünfzehn Roggengarben bestückten Hiffla nennt man ein »Mandlan« (Männlein). Dazu gab es im Tal früher einen interessanten Brauch, der beim Abschluss der Getreideernte gepflegt wurde. Das Ritual begann damit, dass alle Personen, die an der Erntearbeit beteiligt gewesen waren, vom noch stehenden Rest des Getreides eine Handvoll abschnitten und es zu einer Garbe zusammenbanden. Diese Garbe wurde dann, mit den Ähren nach oben, auf den Acker gestellt. Daraufhin hängten die Schnitter ihre Sicheln in die stehende Garbe, knieten um sie herum und dankten ihr.

SCHNITTERIN UND KORNGEIST

Ein anderer Brauch war oder ist, dass man bei der Ernte ein Ährenbüschel auf dem Feld stehen lässt, oder man wirft die drei ersten Ähren in das Getreidefeld, um den Korngeist zu beschwichtigen und die Ernte ergiebiger zu machen. Nach dem Volksglauben flieht der Korngeist des Feldes von einer Garbe in die andere, bis er in der letzten gefangen bleibt. In der Volkstradition stellen sich die Menschen den Korngeist unterschiedlich vor. Es kann sich bei ihm um eine tierische oder eine menschliche Gestalt handeln. Wenn der Wind durch das Kornfeld weht und sich die Halme bewegen, heißt es: »Der Wolf läuft durch das Saatfeld.« Dieser Roggen- oder Kornwolf ist zum Beispiel im schweizerischen Neftenbach und in Bassersdorf bei Winterthur überliefert. Mehrfach ist auch von einer menschenähnlichen Gestalt die Rede, so in Zürich vom »Kornhansli«, in Uster vom »Hardjoggeli«, in Bülach vom »Bölimaa« oder auch vom »Kornkind« und der »Kornmutter«. Das Kornkind, so die Legende, liegt wie ein Findelkind in oder bei einem Getreidefeld und ist so schwer, dass man es kaum heben kann. Sein Gewicht zeigt dann ein fruchtbares Jahr an.

Die Kornmutter hat nach manchen Erzählungen feurige Augen und glühende Finger sowie lange, herabhängende Brüste. Sie erscheint mal schwarz oder schneeweiß und reitet durch die Felder. Man hat aus ihr wie im Graubündner Disentis einen Getreidedämon gemacht, der die Kinder erschrecken

Der Korngeist als letzte Garbe

soll. Im Fichtelgebirge heißt es dazu: »O bleibe von dem Felde fern, es sitzt die alte Baba drin, die hütet das Getreide gern.« Der Ausdruck »Baba« bedeutet im Slawischen Großmutter, und auch im schweizerischen Bülach hieß die letzte Garbe »die Großmutter«. In den Kantonen Thurgau und Zürich nannte man die Kornmutter auch Kuh, Hase, Wiege oder Stier (Muchel). Interessanterweise konnte der Korngeist des Feldes nicht nur von einer Garbe auf die andere übergehen, sondern auch auf eine vorübergehende fremde Person überspringen. Kam während der Getreideernte also ein Fremder des Wegs, wurde er von den Schnitterinnen auf dem Feld »ge-

strikt«, indem sie ihm um den linken Arm drei Roggenähren mit einer bunten Schleife banden. Er musste sich daran anschließend mit einer kleinen Gabe wieder auslösen.

Auch war es Brauch, dass diejenige Person, die die letzte beim Mähen oder Garbenbinden war, den ortsüblichen Namen der letzten Garbe erhielt. Das konnten Namen wie »der Alte«, »die Kornmutter« oder »die Sau« sein. Auch deshalb gab es ein regelrechtes Wettrennen, um bei der Arbeit ja nicht das Schlusslicht zu sein. Denn die- oder derjenige musste dann der Korngeist sein, wurde selber in Stroh gehüllt oder musste eine Strohpuppe anfertigen.

Der Strohgeist der letzten Garbe wurde dann mit einem Blumenkranz geschmückt und in einem feierlichen Umzug zum Hof geführt und – nachdem man den oder die vorjährige Alte herausgestellt hatte – in die Wohnstätte gebracht. Darauf wurde sie der Bäuerin überreicht, die den Schnittern ein festliches Mahl bereitete, an dem auch die Strohpuppe teilnahm. Die Schnitter umtanzten sie und brachten die Strohfigur nachher zur Scheune, wo man sie bis zum Frühjahr aufbewahrte. Die Körner des Korngeistes sollten bei der neuen Aussaat für den Fortbestand der Fruchtbarkeit sorgen.

In Oberösterreich und im Innviertel war es Brauch, die letzten Halme eines Ackers für die »armen Seelen« stehen zu lassen. Diese »Seelen« standen für die Ahnenwesen des Hofes und der Landschaft. Für diese Familiengeister in der Anderswelt waren die letzten Halme bestimmt, und so konnten sie an der Ernte teilhaben.

Ein anderes deutliches Indiz für die Verbindung zwischen der letzten Garbe und dem Ahnenkult wird auch in dem Spruch deutlich, mit dem die Schnitterin die letzte Garbe bespricht: »Du hast den Alten und musst ihn behalten!« Dadurch schlüpft der Korngeist in die letzte Garbe, die zum Ahnenwesen wird, das bei den Lebenden verbleibt. Man glaubt, durch den anwesenden Hausgeist den künftigen Erntesegen für das nächste Jahr zu sichern.

Eine andere Vorstellung bestand darin, dass »der Alte« im Kornfeld auch sterben musste, damit er im nächsten Jahr als kleines Kind wiederkehren konnte. Dieses Motiv wird bei der Binderin ersichtlich, die in einem magischen Ritual der Erneuerung dem Alten die Wiege bereitet. So sagte man, wenn die Binderin ihre letzte Garbe band, sie mache das »Heiel« (die Wiege), und die anderen Frauen prophezeiten ihr, dass sie

im nächsten Jahr mit einem Kind wiederkomme. Tod und Wiedergeburt sind damit auch beim Erntebrauch eng verflochten. Die Schnitterin erscheint dem Alten als Frau Tod, die ihn mit ihrer Sichel schneidet. Sogleich ist aber auch die Erneuerin anwesend, die sich dem Totengeist als Binderin zeigt. Sie führt ihn zu ihrer Wiege, worin er nicht als der Alte, sondern als Kinderseele liegen wird. Dadurch schließt sich der Jahreskreis des Strohmannes, der in der Zeit der Getreideernte sowie des Winters »der Dürre« ist, jedoch im Frühjahr als »grüner Mann« von der mütterlichen Erde wiedergeboren wird.

Der Korngeist als letzte Garbe

Die verschiedenen Erntebräuche, die auf dem Feld begonnen haben, setzten sich auch in der Scheune fort. Wenn in Mühlau bei Innsbruck die Garben gedroschen wurden und eine Frau den letzten Dreschschlag machte, bekam sie selbst den Namen des Korngeistes. Wie bei der Strohfigur wurde ihr ein Kopfschmuck aus Stroh und roten Bändern geflochten. Man führte sie darauf durch das Dorf, wo anschließend beim Erntefest fröhlich getanzt und gefeiert wurde.

Schlusswort

Wir sind einen spannenden Weg durch die mythische Rituallandschaft der Alpen gegangen. Etliche Bräuche sind dabei beschrieben worden, die nicht nur faszinieren, sondern deren Bedeutung nun auch durch die vielfältigen Zusammenhänge verständlicher geworden ist. Bräuche und Sagen haben dabei vieles gemeinsam: Sie sind in der heutigen Form ein Fragment einer tradierten Naturmythologie in vielgestaltiger Ausformung, deren Erscheinungen sich im Laufe der Zeit jedoch verändert haben. Dennoch weisen sie eine innere Struktur sowie eine spirituelle Gedankenwelt auf, der wir immer wieder begegnet sind. Naturmagische Bräuche als auch Natursagen sind geprägt durch eine animistische Geisteshaltung, in der die Natur beseelt und von Ahnenwesen bewohnt ist. Entsprechend sind die Kornmutter als letzte Garbe und der grüne Mann die Verkörperung der sich immer wieder erneuernden Vegetation. Zu dieser Versinnbildlichung der Natur gehört auch die Personifikation des mythischen Jahres durch die wiederkehrenden Gestalten Frühlingsmädchen, Sommerfrau und Winteralte. Diese werden oft vom Strohmann des Winters sowie vom grünen Mann des Frühjahrs begleitet. Die animistische Welt der Natur- und Ahnenwesen und die erwähnten Gestalten des mythischen Jahres sind sowohl in den Natursagen als auch in den jahreszeitlichen Ritualbräuchen ein fester Bestandteil der Mythologie. Somit zeigen uns Animismus und Versinnbildlichung den Weg, um die regional ganz unterschiedlichen Bräuche zu verstehen. Das gilt auch für die Masken und Vermummungen, die eng mit der Anders- und Ahnenwelt in Verbindung stehen. Die Struktur der jahreszeitlichen Ausprägung wird dabei sogar in der Dämonisierung noch ersichtlich, wenn zum Beispiel die strohgestaltige Winteralte als »Hexe« erscheint und sich im Frühjahr zu einem jungen Mädchen wandelt. Das Verbrennen der »Hexe« ist dabei nicht ihr Tod, wie man in der Umdeutung des alten Brauches meinen möchte, sondern die naturmagische Transformation der Landschaftsahnin in ihren verjüngten Aspekt der Frühlingsgöttin, die wir zum Beispiel als keltische Brigid kennengelernt haben.

Als dritten Punkt möchte ich die Anderswelt und die Totenpflege erwähnen. Es ist erstaunlich, mit welchem Aufwand frühgeschichtliche Kulturen Steindenkmäler und riesige Grabhügel errichteten, um den Verstorbenen gerecht zu werden. Wir können dies nur im Rahmen einer Ahnen- und Wiedergeburtsmythologie verstehen. Denn einerseits suchte man den Kontakt zur Anderswelt, damit einem die Ahninnen und Ahnen Rat und Hilfe erteilen, und andererseits, um die Verstorbenen zu erneuern, indem sie als kleine Kinder wieder in die angestammte Sippe hineingeboren werden. Entsprechende Bräuche gibt es wie erwähnt auch im Alpenraum, wenn zum Beispiel die geisterhaften Toten heimkehren und mit ihnen gegessen wird. Oder wenn die Frauen in einem Ritual bei Bäumen und Rutschsteinen die kleinen Kinder spirituell empfangen, um so eine Ahnenseele wieder in den Bereich der Lebenden zu führen. Immer wieder haben wir im Jahresbrauch gesehen, wie die Anderswelt und die Welt der Menschen sich durchdringen und eine untrennbare Gemeinschaft bilden.

Damit stellt sich auch die Frage, was Naturbräuche für uns heute bedeuten. Sind sie mehr als ein faszinierendes Ereignis oder eine unterhaltsame Kuriosität aus ferner Zeit, der wir fremd gegenüberstehen? Sind Bräuche nur noch für den Tourismus und in den Medien von Interesse, wo das »Primitive« zur Sensation und den Massen vorgeführt wird? Oder haben Naturbräuche nebst den beschriebenen mythologischen Spuren auch eine »Botschaft« für den modernen Menschen? In den jahreszeitlichen Ritualen spiegelt sich eine Weltordnung wider, die nicht geprägt ist von einer künstlichen, virtuellen und transzendenten Weltsicht. Es gibt keine ferne, unsichtbare und jenseitige Göttlichkeit, sondern eine handfeste, mit den Sinnen erfahrbare Welt. Die Natur oder die Mutter Erde sind, wie ich es vielfach dargestellt habe, die immanente, konkrete Göttlichkeit selbst in all ihren Erscheinungsformen. Die vielseitigen Naturbräuche im Jahreslauf beruhen auf einer direkten Naturverehrung, worin eine lebenspendende Große Ahnfrau jegliches Dasein bewirkt und weiterhin Lebenskraft erhält. Ja, die Natur selbst ist die Verkörperung dieser Ahnfrau, mit deren Sakralsphäre sich die Menschen durch Übergangsrituale verbinden.

Dies ist seit Jahrtausenden eine bewährte Weltsicht, die jedoch in der modernen Zeit zunehmend bedroht ist. Das Künstliche, aus patriarchalem Geist entstanden, ersetzt in immer schnellerer Form das Natürliche. So gibt es Feldfrüchte, die nie in der Erde wuchsen, oder Tiere, die wie Maschinen gehalten werden. Und auch der Mensch wird allmählich durch Maschinen ersetzt. Die Naturbräuche hingegen sind belebt und beseelt und stehen der künstlich erschaffenen Ersatzwelt diametral entgegen. Diese Rituale erinnern uns daran, dass die Menschen nicht die einzigen Lebewesen auf dieser Welt sind und dass die Natur alles Lebensnotwendige schon geschaffen hat. Dieses geistige Bewusstsein macht die jahreszeitlichen Rituale auch für uns heute zu einem wertvollen Erbe einer Kultur, von der wir eine Menge über unser Dasein erfahren können.

LITERATURAUSWAHL

Alpenburg, Johann N. von: Deutsche Alpensagen. Wien 1861.
Birkhan, Helmut: Kelten. Versuch einer Gesamtdarstellung ihrer Kultur. Wien 1997.
Brednich, Rolf Wilhelm: Volkserzählungen und Volksglaube von den Schicksalsfrauen. Helsinki 1964.
Burgstaller, Ernst: Elementeopfer in Oberösterreich. In: Jahrbuch des Oberösterreichischen Musealvereins 102 (1957).
Burgstaller, Ernst: Österreichisches Festtagsgebäck. Wien 1958.
Derungs, Kurt und Isabelle M. Derungs: Magische Stätten der Heilkraft. Marienorte mythologisch neu entdeckt. Quellen, Steine, Bäume, Pflanzen. Grenchen 2006.
Derungs, Kurt: Der Kult der heiligen Verena. Auf den Spuren magischer Orte und Heilkräfte. Baden 2007.
Derungs, Kurt und Sigrid Früh: Der Kult der drei heiligen Frauen. Grenchen 2008.
Derungs, Kurt: Baumzauber. Die 22 Kultbäume der Schweiz. Grenchen 2008.
Derungs, Kurt (Hg.): Mythologische Landschaft Schweiz. Grenchen 2010.
Derungs, Kurt (Hg.): Kelten Kulte Göttinnen. Spuren einer verborgenen Kultur. Grenchen 2013.
Derungs, Kurt: Augen der Alpen. Das Phänomen der Sonnenlöcher. Grenchen 2014.
Fink, Hans: Legendäre und »kultverdächtige« Bäume in Südtirol. In: Der Schlern 33 (1959) S. 28–37.

Fink, Hans: Verzaubertes Land. Volkskult und Ahnenbrauch in Südtirol. Innsbruck 1983.

Frazer, James G.: Der goldene Zweig. Das Geheimnis von Glauben und Sitten der Völker. Leipzig 1928.

Früh, Sigrid und Kurt Derungs: Die Schwarze Frau. Kraft und Mythos der schwarzen Madonna. Zürich 2003.

Gallati, Rudolf: Das Jahr der Schweiz in Fest und Brauch. Zürich 1985.

Gennep, Arnold van: Übergangsriten (Les rites de passage). Frankfurt a.M. 1986.

Ginzburg, Carlo: Hexensabbat. Entzifferung einer nächtlichen Geschichte. Frankfurt a.M. 1993.

Gleirscher, Paul: Stilisierte Frauenfigürchen aus Südtirol und dem Trentino. »Reitia«, Göttin der »Räter«? In: Der Schlern 60 (1986).

Graber, Georg: Volksleben in Kärnten. Graz 1938.

Gruber, Karl: Aubet, Cubet, Quere. Die Wallfahrt zu den heiligen drei Jungfrauen von Meransen. Arunda 6, Schlanders 1978.

Gugitz, Gustav: Das Jahr und seine Feste im Volksbrauch Österreichs I-II. Wien 1950.

Haid, Hans: Ötztal. Sagen und Mythen entdecken. Innsbruck 2006.

Haid, Hans: Mythen der Alpen. Wien 2006.

Haiding, Karl: Berchtenbräuche im steirischen Ennsbereich. In: Mitteilungen der Anthropologischen Gesellschaft in Wien 95 (1965) S. 322–338.

Hallinger, Martin: Der Nikolaus und seine Buttnmandl. Berchtesgaden 2004.

Heyl, Johann A.: Volkssagen, Bräuche und Meinungen aus Tirol. Brixen 1897.

Hörmann, Ludwig von: Tiroler Volksleben. Stuttgart 1909.

Ilg, Karl: Sitte und Brauch um Osterei und Osterbrot in Tirol. In: Schweizerisches Archiv für Volkskunde 53 (1957).

Kapfhammer, Günther: Brauchtum in den Alpenländern. München 1977.

Krainz, Johann: Sitten, Bräuche und Meinungen des deutschen Volkes in der Steiermark. In: Zeitschrift für österreichische Volkskunde II (1896).

Kraus, Jörg: Metamorphosen des Chaos. Hexen, Masken und verkehrte Welten. Würzburg 1998.

Kretzenbacher, Leopold: Santa Lucia und die Lutzelfrau. Volksglaube und Hochreligion im Spannungsfeld Mittel- und Südosteuropas. München 1959.

Kufner, Lore: Getaufte Götter. Heilige zwischen Mythos und Legende. München 1992.

Kuret, Niko: Der Weihnachtsblock bei den Slovenen. In: Alpes Orientales 3 (Basel 1961) S. 153–159.

Kuret, Niko: Die Mittwinterfrau der Slowenen. In: Alpes Orientales 5 (1969) S. 209–239.

Lahrtz, Stephanie: Wo wilde Weiber Geister jagen. In: Servus in Stadt und Land. Ausgabe Dezember 12/2013, S. 96–98.

Lehmacher, Gustav: Die Göttin Brigit. In: Kurt Derungs (Hg.): Kelten Kulte Göttinnen. Grenchen 2014, S. 27 ff.

Ložar-Podlogar, Helena: Kres. Die Sonnwendbräuche der Slowenen. In: Studia Mythologica Slavica I (1998) S. 225–242.

Mannhardt, Wilhelm: Wald- und Feldkulte. Band I-II. Berlin 1905.

Mantl, Norbert: Vorchristliche Kultrelikte im oberen Inntal. Innsbruck 1967.

Meier, John: Der Brautstein. Frauen, Steine und Hochzeitsbräuche. Bern. 1996.

Peuckert, Will-Erich: Die Perchten. In: Ders.: Geheimkulte. Heidelberg 1951, S. 270–288.

Schinzel-Penth, Gisela: Sagen und Legenden um das Berchtesgadener Land. Frieding 1982.

Schmiderer, Hermann: Website der Tresterer aus Zell am See: www.tresterer.com (Abgerufen am 17.06.2015).

Schmidt, Leopold: Der »Herr der Tiere« in einigen Sagenlandschaften Europas und Eurasiens. In: Anthropos 47 (1952) S. 509 ff.

Schneller, Christian: Märchen und Sagen aus Wälschtirol. Innsbruck 1867.

Timm, Erika: Frau Holle, Frau Percht und verwandte Gestalten. Stuttgart 2010.

Traxler, Franz (Hg.): Sagen, Bräuche und Geschichten aus dem Brixental und seiner näheren Umgebung. Innsbruck 2002.

Vonbun, F. J.: Beiträge zur deutschen Mythologie. Gesammelt in Churrhaetien. Chur 1862.

Waschnitius, Viktor: Perht, Holda und verwandte Gestalten. Wien 1913.

Willi, Gerhard: Alltag und Brauch in Bayerisch Schwaben. Augsburg 1999.

Wolfram, Richard: Percht und Perchtengestalten. Österreichischer Volkskundeatlas. 6. Lieferung, 2. Teil. Blätter 112–114. Wien 1980.

Zerling, Clemens und Christian Schweiger: Masken im Alpenraum. Graz 2005

Zingerle, Ignaz V.: Sagen, Märchen und Gebräuche aus Tirol. Innsbruck 1891.

QUELLEN

Seite 97: www.ichkoche.at/krampus-aus-germteig-rezept-190513

Seite 129: Quelle: Wilhelm Lettenbauer: Der Baumkult bei den Slaven. Neuried 1981, S. 67. (Hieronymus Verlag)

BILDNACHWEIS

Gianni Bodini: 187

Kurt Derungs: 46, 48, 52, 58, 60, 71, 85, 161, 165, 180, 204, 215, 234, 255

Nikolaus Faistauer Photography: 152

Fotolia, New York: 64 (swa182), 112 (Bernd S.)

iStockphoto, Calgary, Kanada: 21 (Andrea Izzotti), 109 (wingmar), 118 (ferrantraite), 176 (sharambrosia), 206 (N.N.), 208 (Vitalliy), 225 (bopp63), 242 (Adam G1975)

Ki 36/ Daniela Hofner: 122, 193

Kleine Zeitung GmbH & Co Kg/Helmut Weichselbraun: 183

Markus Leitner: 147

LOOK, München: 6, 11, 91, 184, 192 (O. Seehauser Südtirolfoto), 14/15, 32, 42, 54, 100, 132, 136 (Andreas Strauß), 18, 74, 79, 131, 239, 244 (age fotostock), 24 (Design Pics), 29, 66/67, 82 (Konrad Wothe), 88 (Tobias Richter), 92 (Thomas Peter Widmann), 121 (Caroline Fink), 124, 197 (Jan Greune), 139 (Franz Brugger), 143 (Thomas Stankiewicz), 158 (travelstock 44), 194 (Walter Schmitz JS), 200 (Karl Johaentges), 219 (Maskot), 222 (Caroline Fink), 229 (Helmuth Rier Südtriolfoto)

Mauritius Images, Mittenwald: 102, 140 (Bernd Römmelt), 104 (Martin Siepmann/Broker), 168 (Manus)

Tourismusverband Rauris, Österreich: 151

Trachtenverein D'Rabenstoana, Golling an der Salzach, Österreich: 149

Wikimedia: 35 (Siegfried Nicolassi Castellan), 41 (Peter Binter), 227 (Sennah 78)

Vignetten: iStockphoto Calgary, Kanada

DER AUTOR

Kurt Derungs ist promovierter Ethnologe, Germanist, Dozent an verschiedenen Hochschulen und Leiter der Akademie der Landschaft. Als profunder Kenner alpiner Traditionen und der europäischen Kulturanthropologie ist er zudem Begründer der Landschaftsmythologie, die er in zahlreichen Büchern, Seminaren, Vorträgen und Studienreisen vermittelt. Kurt Derungs lebt in der Nähe von Solothurn, Schweiz.

Verlagsgruppe Random House FSC® N001967
Das für dieses Buch verwendete FSC®-zertifizierte Papier
Tauro liefert Papier Union.

1. Auflage
Originalausgabe
© 2015 Kailash Verlag, München
in der Verlagsgruppe Random House GmbH
Lektorat: Ute Heek
Bildredaktion: Ute Heek und Annette Mayer
Umschlaggestaltung: ki 36 Editorial Design, München, Sabine Krohberger,
unter Verwendung eines Fotos von © Peter Wey/stocksy
Satz: EDV-Fotosatz Huber/Verlagsservice G. Pfeifer, Germering
Druck und Bindung: Print Consult, München
Printed in Slovak Republic
ISBN 978-3-424-63104-3
www.kailash-verlag.de